KB125989

로이 바스카,
비판적 실재론과
교육을 말하다

Roy Bhaskar

A Theory of Education(edition 1)

by David Scott and Roy Bhaskar

Copyright © The Author(s), 2015

Korean translation edition © 2020 by HanulMPlus Inc.

This edition has been translated and published under licence from Springer Nature Switzerland AG.. Springer Nature Switzerland AG. takes no responsibility and shall not be made liable for the accuracy of the translation.

이 책의 한국어판 저작권은 Springer Nature Switzerland AG.와의 독점계약으로 한울엠플러스(주)에 있습니다. 저작권법에 의해 보호를 받는 저작물이므로 무단전재 및 복제를 금합니다.

이 도서의 국립중앙도서관 출판예정도서목록(CIP)은 서지정보유통지원시스템 홈페이지(http://seoji.nl.go.kr)와 국가자료종합목록 구축시스템(http://kolis-net.nl.go.kr)에서 이용하실 수 있습니다.
CIP제어번호: CIP2020053621(양장), CIP2020053624(무선)

로이 바스카,

비판적 실재론과

교육을 말하다

로이 바스카·데이비드 스콧 지음 이기홍 옮김

Roy Bhaskar, A Theory of Education

한울
아카데미

이 책은 로이 바스카Ram Roy Bhaskar(1944~2014년)를 추모해 만들었다.

차례

감사의 말

이 책의 제5장은 바스카가 쓴 『과학에서 해방으로: 소외와 계몽의 현실성From Science to Emancipation: Alienation and the Actuality of Enlightenment』의 제11장을 조금 수정한 것입니다. 이전에 출간된 글의 수록을 허락해 준 세이지Sage 출판사에 감사를 전합니다.

옮긴이의 말

　로이 바스카Roy Bhaskar는 비판적 실재론Critical Realism으로 잘 알려진 과학철학 및 철학의 주창자입니다. 1970년대부터 바스카가 제시해 온 비판적 실재론은 이제 서구 학계에서 경제학, 사회학 등 사회과학에서 철학, 종교학 등 인문학의 영역에 이르기까지 영향력을 넓혀가고 있습니다.

　그렇지만 이러한 흐름에 한국의 사회과학자들은 예외여서 바스카는 물론이고 비판적 실재론에도 거의 관심을 보이지 않고 있습니다. 이러한 경향은 보다 근본적으로 철학적 질문에 대한 한국 사회과학자들의 무시나 무지의 한 표현일 것입니다. 한국의 사회과학자들은 자신들의 존재 이유에 대한 질문이라고 할 '사회란 무엇인가', '(사회)과학이란 무엇인가', '사회과학은 어떻게 실행하는가', '사회과학은 무엇을 할 수 있고 무엇을 해야 하는가', '좋은 사회적 삶이란 어떤 것이며 사회과학은 그것에 어떻게 기여할 수 있는가' 등의 문제에 관해 고민하는 일이 없습니다. 오히려 이런 문제들을 향해 사변적인 것이고 형이상학적인 것이며 그러므로 반反과학적인 것이라고 적대감까지 드러내기도 합니다.

이러한 태도는 20세기 전체에 걸쳐 사회과학계를 지배한 실증주의 또는 경험주의의 '과학은 철학을 배제한 지식'이라는 그릇된 교의敎義를 의심 없이 추종해 온 것에서 기인합니다. 한국의 사회과학자들은 철학을 배제하거나 경멸함으로써 철학에서 해방되었다고 믿고 있지만, 실제로는 철학에서 해방된 것이 아니라 '가장 나쁜 철학'에 예속되어 있을 뿐입니다. 폐해는 여기서 그치지 않아 이러한 학자들에게서 배우는 학생들도 거의 예외 없이 철학적 고민을 기피하고 그들의 스승을 따라 가장 나쁜 철학을 답습하고 있습니다. 그러한 결과 이제는 한국 사회를 가리켜 '나쁜 철학의 사회'라고 불러도 과장이 아닐 지경에 이르렀습니다. 바스카가 카를 마르크스Karl Marx를 인용하며 이 책에서 여러 차례 묻는 "교육자는 누가 교육할 것인가?"라는 문제 제기가 바로 이 책을 한국어로 옮기게 된 동기입니다.

이 책은 바스카의 유고집입니다. 그는 별세하기 전까지 런던 대학교 교육연구소Institute of Education, University College London에서 세계 석학 World Scholar직으로 근무했습니다. 연구소의 동료 학자인 데이비드 스콧David Scott이 그를 추모하며 비판적 실재론을 주제로 바스카의 생전에 대담을 나눈 내용에 바스카의 교육에 관한 견해를 추가해 출간한 것이 이 책입니다.

바스카의 논의는 (사회)과학의 존재론과 인식론을 탐구하는 (기본적인) 비판적 실재론에서 시작해 변증법적 전환dialectic turn과 영성적 전환spiritual turn을 거치면서 인간의 보편적인 자아실현 문제를 다루는 탐구로 심화·확대되었습니다. 이 작은 책에서 바스카는 그의 '전환들'을 가로질러 지속적으로 관심을 가졌던 '인간 해방의 본질과 전망'에 대한 통찰을 대담의 형식으로 제시합니다. 그리고 '접힌 것의 펼침unfolding of the enfolded'으로서, 즉 인간주체에 내재한 잠재력의 실현으로서 학습을 사례로 세계가 어떻게 구조화되어 있는지, 우리가 세계를 어떻게 이해할 수 있는지, 인류의 안녕을 위해 세계를 어떻게 변혁할 수 있는지를 해명합니다. 이러한 해명은 인간의 사회적 삶과 지식, 인간주체와 의식, 교육과 변화에 대한 비판적 실재론의 견해이기도 합니다. 더하여 '다학문성'에 대한 짧은 논의도 근래에 '융합'이나 '통섭' 등의 이름으로 유행하는 다학문적 연구의 적절한 철학적 기초를 이해하는 데 유익합니다.

이 책이 나온 뒤에도 바스카의 유고라고 할 만한 『21세기를 위한 메타이론: 비판적 실재론과 통합이론의 대화Metatheory for the Twenty-First Century: Critical realism and integral theory in dialogue』, 『계몽된 상식: 비판적 실재론의 철학Enlightened Common Sense: The Philosophy of Critical Realism』 등의 (편)저서나 논문이 발표되었습니다. 하지만 이 작은 책은 비판적 실

재론의 주요 내용을 광범하고 자유분방하면서도 비교적 평이하게 소개해 주는 장점을 가졌습니다. 억압, 노예 상태, 부자유에 도전하는 '인간의 자기해방의 기획'에 대한 기여를 소명으로 삼았던 바스카의 '아름다운 영혼'을 특히 잘 보여줍니다. 더 좋은 세계를 소망하는 사회과학자들과 학생들에게 이 책이 바스카와 비판적 실재론에 대한 관심을 환기하고 (사회)과학 연구와 교육의 사명에 대해 반성하는 계기가 되기를 바랍니다.

2020년 12월 이기홍

제1장

—

로이 바스카: 간략한 일대기

로이 바스카는 2014년 11월 19일에 별세했다. 그는 비판적 실재론과 메타실재metaReality의 철학에 관한 연구로 널리 알려진 사회철학자였다. 학계에서 그의 마지막 직위는 런던 대학교 교육연구소의 세계 석학직이었다. 이곳에서 바스카는 국제 비판적 실재론 연구 중심 International Centre for Critical Realism을 설립했다. 바스카의 삶과 작업에 대한 훌륭한 해명은 그의 자서전적 민족지인 『비판적 실재론의 형성: 개인적 관점The Formation of Critical Realism: A Personal Perspective』(Bhskar with Hartwig, 2013)에 실려 있다.

평생 동안 일반적으로 '로이'라고 불리었던 램 로이 바스카Ram Roy Bhaskar는 1944년 5월 15일에 영국 런던에서 태어났다. 그의 아버지는 인도 출신 의사로, 제2차 세계대전 초기에 런던으로 와서 왕립외과의사회의 회원 자격을 얻었다. 어머니는 영국인이었지만 남아프리카에서 그녀의 유년기 대부분을 보냈다. 바스카는 자신이 다르마Dharma,

法*나 소명vocation이라고 부른 것에 다가서기 위해 분투하며 여러 측면에서 불행한 어린 시절을 보냈다.

전체적인 쟁점은 두 가지 관심과 밀접하게 관련되어 있었다. 하나는 자유에 대한 관심이었고, 이것의 뿌리는 나 자신의 자유에 대한 관심이었다. 다르마라는 개념은 이런 자유의 개념과 특히 잘 어울렸다고 생각한다. 이 개념에 따르면 자유란 '당신은 무엇을 할 수 있는가' 또는 '당신은 무엇을 가지고 있는가'와 관련되는 것만큼 '당신은 누구인가' 그리고 '당신은 무엇이 될 수 있는가'와 관련된다.

또 다른 관심은 사회 정의에 대한 것이었다. 근거가 될 수 없는 차이가 있는 곳에서 차별은 부정의의 한 형태이기 때문이다. …… 내가 일고여덟 살 때부터 살아온 삶이 분명히 분할된 삶이었다면, 대비되는 것은 무엇이었는가? 글쎄, 그것은 전적으로 총체성의 또는 통일성의 삶이었다. 내가 가능성들에 대해 알고 있다는 것은 내가 그렇게 할 수 있다는 것을 의미함을 깨달았다. 나는 환상 속에서 총체가 될 수 있었다. 그러나 물리적인 현실 속에서 총체가 된다는 관념도 또한 당연히 매우 중요했다. …… 분명히 나는 우리가 활동 속에서만 그리고 실현하는 행동 속에서만이 아니라 항상 총체일 수 있다

---

* 진리, 질서, 본질, 부처의 가르침, (자연)법칙, 존재, 도덕, 규범, 의무 등의 포괄적 의미를 가진다. _옮긴이 주.

는 생각을 지니고 있었다. 그래서 좋은 사람이란 무엇인가에 대한 기준과 함께 통합성, 즉 총체성의 기준이 있었다. 이것이 내가 진정으로 원했던 것이었다. 나는 좋은 사람이 되고자 했을 뿐 아니라 총체적인 사람이 되고자 했다. 이것은 내가 나의 다르마를 성취해야 함을 뜻했다. 즉, 나에게 자연스럽게 다가온 것, 내가 가장 잘할 수 있는 것, 내가 소질을 가진 것을 수행해야 함을 의미했다(Bhaskar with Hartwig, 2010: 5).

여기서 바스카는 자신의 삶과 일의 원천을 준비한다. 그는 웨스트 런던의 세인트 폴 사립학교St Paul's Private School를 나와 옥스퍼드 대학교University of Oxford의 베일리얼 칼리지Balliol College에 진학했다. 그리고 1966년에 '철학·정치학·경제학 과정'을 최우등으로 졸업했다. 바스카는 세 분야 중에서 경제학을 공부하기로 결정했다. 그는 나중에 그 이유를 설명했다.

철학에 열정을 가졌지만 결국 나는 경제학을 선택했다. 이 까닭은 '철학·정치학·경제학 과정'에서 경제학이 가장 중요하다고, 아니 가장 진지하다고 생각했기 때문이었다. 나는 철학에서 제기된 문제들을 다루는 데 능숙했고 그 경험이 매우 보람되다고 느꼈지만, 종종 그 문제들은 전적으로 사소한 것들이었다. 예컨대 '세계에 또 다

른 정신이 있는가?', '이 탁자는 존재하는가?', '당신은 손이 두 개인
가?' 같은 것들이었다. …… 철학과 대조적으로 정치학과 경제학이
다루는 주제들은 본질적으로 무엇인가에 관한 것이었고, 대답은 분
명하지 않았다. 유일한 도전은 당신이 그 대답에 어떻게 도달했는가
하는 것이었다. [그러나] 나는 세계에서 가장 큰 문제가 경제적 문제
라고 생각했고, 그것이 내가 대학원에서 경제학을 공부하게 된 이유
였다(Bhaskar with Hartwig, 2010: 23~24).

바스카는 옥스퍼드 대학교의 펨브로크 칼리지Pembroke College에서
경제학 강사가 되었고, 같은 학교의 누필드 칼리지Nuffield College에서
'저발전 국가들에 대한 경제 이론의 적합성'에 관한 논문을 준비하기
시작했다. 그러나 이 작업에서 당시의 경제학으로는 현실세계를 다
룰 수 없다는 것을 깨닫고 철학으로 되돌아가게 되었다. 결과적으로
그는 옥스퍼드 대학교의 리너커 칼리지Linacre College의 연구원으로 있
으면서 철학 담론에서 존재론(있음에 대한 철학적 연구)의 중요성을 복
원하고 (층화, 분화, 발현을 특징으로 하는) 새로운 비非경험주의적이고
비실증주의적인 존재론을 발전시키는 기획을 진행하기 시작했다. 이
작업은 결국 그의 첫 저서인 『실재론적 과학론A Realist Theory of Science』
(1975)의 출판으로 귀결되었다. 그사이에 바스카는 에든버러 대학교
University of Edinburgh의 철학 강사가 되었다.

『실재론적 과학론』은 자연세계에 초점을 맞춘 저서로서, 곧 사회세계에 초점을 맞춘 이 책의 짝인 『자연주의의 가능성The Possibility of Naturalism』(1979)의 출간으로 이어졌다. 이 두 저서에서 제시한 이론들은 처음에는 각각 초월적 실재론transcendental realism과 비판적 자연주의critical naturalism로 불리었는데, 새로운 과학철학 및 사회과학철학에서 조금은 논쟁적인 '비판적 실재론'으로 통합되었다. 몇 년 뒤에 바스카는 세 번째 저서인 『과학적 실재론과 인간 해방Scientific Realism and Human Emancipation』(1987)을 출간했다. 이 책에서 그는 윤리적 자연주의와 이데올로기 비판을 결합하는 설명적 비판과 존재론적 실재론의 강한 프로그램을 주창했다. 바스카는 이 세 권의 저서로 '기본적(또는 원형적) 비판실재론'이라고 부른 것의 기초를 마련했다. 기본적 비판실재론의 발전은 그의 다른 두 저서 『비판적 실재론과 해방의 사회과학Reclaiming Reality: A Critical Introduction to Contemporary Philosophy』(1989)[*]과 『철학과 자유의 이념Philosophy and the Idea of Freedom』(1991)으로 차례대로 뒷받침되었다.

비판적 실재론은 1993년에 '변증법적dialectical 비판실재론'으로 알려진 새로운 국면으로 이행했다. 『변증법: 자유의 맥박Dialectic: The Pulse of Freedom』(1993)과 1년 뒤의 『플라톤 등: 철학의 문제들과 그것들의

---

* 이 책은 2007년 우리말로 번역되었다. _옮긴이 주.

해결Plato, etc.: The Problems of Philosophy and their Resolution』(1994)의 출간은 그런 이행의 시작이었다. 이 책들은 변증법적 비판실재론의 존재론과 개념적 틀을 발전시켰으며, 동시에 서구 철학의 전체 궤적에 대한 비판을 제시했다. 곧이어 『동에서 서로: 정신의 모험 여행From East to West: Odyssey of a Soul』(2000)을 출간하면서 '영성적 전환'으로 세상에 알려진, 비판적 실재론 철학의 새롭고도 매우 논쟁적인 국면을 열었다. 2002년에는 『메타실재에 관한 성찰: 초월, 해방, 일상생활Reflections on MetaReality: Transcendence, Emancipation and Everyday Life』(2002), 『과학에서 해방으로: 소외와 계몽의 현실성From Science to Emancipation: Alienation and the Actuality of Enlightenment』(2002), 『메타실재의 철학: 창조성, 사랑, 자유 The Philosophy of MetaReality: Creativity, Love and Freedom』(2002)를 출간했다. 이 저서들은 비판적 실재론의 제3의 국면, 즉 메타실재의 철학(또는 초월적 변증법적 비판실재론transcendental dialectical critical realism)의 기초를 이룬다. 이 국면에서 바스카는 기본적 및 변증법적 비판실재론에서와 마찬가지로 지구의 존속과 보편적인 안녕과 성숙을 지향하면서 근대성에 대한 강력한 비판을, 자아와 사회구조화와 우주에 대한 근본적으로 새로운 해명과 결합했다.

생애

이 책은 매우 독특한 형태를 띠고 있다. 먼저 첫 장(1장)과 마지막 장(6장)이 책의 중심 부분(2~5장)을 감싸고 있다. 책의 중심부는 바스카와 가진 두 번의 대담(2~3장), 우리가 공동으로 작업한 연구 계획서(4장), 바스카가 2002년에 인도에서 진행한, 특히 교육에 관한 강의록(5장)으로 구성되었다. 원래 기획 의도는 바스카와 네 차례의 긴 대담으로 책을 만드는 것이었다. 하지만 그가 대담 중간에 별세하면서 책의 구조, 내용, 순서에 대한 기존의 구상을 변경해 출간하게 되었다. 다만 제1장의 착상은 그대로 남아 있다. 제1장에서는 바스카의 비판적 실재론 이론을 그의 삶의 맥락 속에, 그리고 더 중요하게는 그의 사상을 형성한 사회적 힘들, 담론들, 사건들의 맥락 속에 위치시키고자 했다.

적절한 과학철학이라면 어느 것이든 과학의 중심적 역설과 씨름하는 방법을 찾아야 한다. 그 역설이란, 지식은 사회적 활동을 하는 사람들이 생산한다는, 그리고 지식은 다른 것들과 마찬가지로 사회적 생산물이며 자동차나 안락의자나 책처럼 지식의 생산에 대해 그리고 지식을 생산하는 사람들에 대해 독립적이지 않다는, 그러므로 지식 자체의 장인, 기술자, 출판자, 표준, 숙련을 보유하며 다른 생

산물들처럼 변화의 지배를 받는다는 것이다. 이것은 '지식'의 한 측
면이다. 다른 측면은 지식이 대상들에 대한(of) 것이며, 그 대상들은
수은의 비중, 전기분해 과정, 빛의 전파 기제 등처럼 사람이 만든 것
이 아니라는 점이다. 이러한 '지식의 대상들'은 인간의 활동에 의존
하지 않는다. 사람들이 존재하지 않더라도 소리는 계속 전파될 것이
고 질량을 가진 물체는 정확히 똑같은 방식으로 (가정상 이를 알아
낼 사람은 없겠지만) 지표면으로 떨어질 것이다(Bhaskar, 2008: 4).

이것은 바스카가 평생에 걸쳐 논문, 저서, 대화 등에서 여러 상이
한 형태로 반복했던 주장의 핵심이다.

생애사 방법의 존재론에서 중심이 되는 것은 서사narrative의 개념
이다. 이것은 개인적 경험들에 침투하는 기저의 담론들(통상적으로 이
야기 형식)을 가리킨다. 생애사 자료의 수집에는 해석학적 과정이 생
애사 기록자와 생애사 당사자 모두에게서 작동한다. 이 책은 무엇보
다도 특이한 한 인간의 삶과 일에 대한 해명이다. 전기적 방법biographical
method은 구조와 행위주체 간의 분열을 극복하고, 이 과정에서 구조
적인 것과 현상학적인 것 사이를 매개하려는 시도다. 그 방법은 개인
의 삶 ─ 사회적 서사들, 제도적 관습들, (사회적인 것을 구성하는) 상대적
으로 지속적인 제도적·구조적 구조들 및 담론적 구조들에 입각해 지속된 ─
에 초점을 맞춤으로써 수행된다.

전기적 방법의 중심 구성 요소는 이 사람, 저 사람을 통해 기록되거나 구전되는 텍스트다. 텍스트들은 역사 속에 위치하고 있으며, 이러한 역사적 차원은 해당 텍스트들을 어떻게 구성하고 이해할 것인가에 대해 함의를 갖는다. 생애사는 개인에 초점을 맞추며 그러므로 개별주의적이다. 이것은 서사 분석을 통해 개인의 삶에 초점을 맞추지만, 이러한 서사들이 (상이한 시점들에서 개인들 및 개인들의 집단들의 행위들로 형성되고 재형성된다고 하더라도) 공공적인 것이라는 점을 이해한다. 서사 분석의 중심에는 시간의 개념이 있다. 시간은 사회적 서사들을 통해 경험되는 것으로 이해되며, 시간은 이런 삶에 일관성을 부여한다.

개인의 '삶'은 현재 시점에서 서사적 일관성을 성취하려는 사람이 지속적으로 만들고 다시 만들어낸다. 서사들이 역사 속에 자리 잡고 있기 때문에 삶은 항상 변화한다. 그 과정을, 과거를 기억하는 또는 (기억의 취약성을 고려할 때 당연히) 망각하는 방식이라고 그리고 이 해명을 진실인 것으로 제시하는 방식이라고 이해하는 것만으로는 결코 충분하지 않다. 바스카는 이 책에서 그가 현재를 이해하는 방식을 준거로 그 자신의 과거를 문자 그대로 재구성했다. 이런 이해는 이전의 재개념화들에 대한 재개념화다. 회상하는 사건이나 활동이 시간적으로 인접하면 할수록 재현들은 적어진다. 연속하는 해명들이 현재의 이해와의 관계 속에서 재형성되기 때문에 실로 이 과정은 파도와 같다wave-like. 이 과정은 중복되는 재구성들에 의해, 그리고 사건이나 활동을 과거에 어떻게 이해했는지에 의해 더욱 복잡해진다. 반성의 메타 과정은 초점과 틀frame을 지니고 있다. 이 과정은 과거를 언급하지만, 이것은 또한 과거를 틀 지었던, 그러나 지금은 더 이상 틀 짓지 않는 방식도 언급한다.

'삶'의 두 번째 요소는 파편적이라는 점이다. 이것은 단순히 기억이 취약하기 때문만이 아니라 사건들에 대한 원래의 그리고 이후의 재구성들, 생각의 근원들, 이러한 생각의 형성과 해석이 복잡하고 배타적이기 때문에 그렇다. 자신의 삶을 살아가는 사람들이 자신의 자서전적인 해명에서 언급하는 사건들과 활동들에 대해 완전한 지식을 가진 것은 아니며 가질 수 있는 것도 아니다. 이들은 이들이 시작한 기획들의 결과를 알 수 없다(이들이 이 결과를 알 수 있다면, 이들은 일어난 일에 대해 신의 눈을 가졌다고 할 수 있다). 그 결과들을 미리 볼 수는 없다. 더욱이 이들은 자신들이 수행한 일들을 실제로 왜 수행했는지에 대해, 이러한 사건들을 이들이 나중에 어떻게 이해했는지에 대해 단지 제한된 견해만을 가질 뿐이다. 암묵적으로 이들은 '숙련된 아는 사람들'일 수도 있고 상당한 지식을 보유하고 이 지식을 일상의 삶에 끌어들일 수도 있지만, 이 지식을 스스로 그리고 생애사 면접 과정에서 명확하게 표현할 수는 없다. 이들은 이러한 비교적 지속적인 구조들을 암묵적으로든 아니든 참으로 독특하게 이해한다. 이들은 이 구조들을 다른 사람들은 그렇게 하지 않을 방식으로 해석한다.

　이것은 생애사 기록자에게도 함의를 가진다. 기록자는 생애사 해명에서 생애사 당사자와 공모한다고 할 수 있다. 기록자의 해명은 항상 '그 삶'에 관한 상이한 관점을 제시하며 참으로 항상 그 삶을 넘어선다. 생애사 기록자는 그 자신의 생애사를 가지고 있으며, 이것은 일련의 전제들을 포함하며 현재적으로 구성되고 있다. 그러므로 생애사의 기록자와 당사자는 생애사적으로, 그리고 이들이 세계에 대해 알게 되는 담론적 틀에 입각해 위치하게 된다. 그러므로 해석된 해명은 제시할 수 있었던 여러 해석 가운데 하나일 뿐이다. 더욱이 이러한 해명은 서술 과정에서 제시되는 일련의 해석들의 어떤 지점에서의 종결을 포함한다. 이것은 생애사의 기록자와 당사자가 이러한 종결에 대해 불균등하게 위치함을 의미하지만, 이것은 복잡한 과정을 단순화하는 것이다. 통상적으로 생애사 기록자는 완성된 해명에 관해 생애사 당사자에게 의견을 듣고 협의하지만, 슬프게도 로이의 별세는 이런 협의를 불가능하게 만들었다. 더하여 일반적으로 기록자와 당사자는 생애사 당사자의 삶의 기획에 공감하며, 따라서 양자가 협의해 이끌어내는 종결은 이것과 조화된다. 참으로 생애사 면접을 '삶'에 대한 재구성으로 이해해야 한다면, 일반적으로 상당한 정도의 합의에 도달했어야 한다. 결과적으로 이 해명은 어느 정도는 특정의 의제에 부합하고, 이 의제는 항상 생애사 기록자와 당사자 둘 모두의 과거를 준거로 삼는다. 이 때문에 에르벤(Erben, 1996) 같은 주석자들은 빈번하게 생애사 방법을 자서전적인 것autobiographical이라고 지적한다. 생애사 기록에 함축된 해석적 또는 해석학적 절차는 자서전 기록자가 수행하는 과정의 복제물이다.

생애사 연구자가 부딪히는 두 번째 문제는 개인 행위주체들과 이들을 둘러싸고 있는 상대적으로 지속적인 구조들 사이의 정확한 관계다. 필자는 이미 구조들이 개인 행위주체들의 삶의 과정과 자서전적 과정 둘 모두를 구성하고 재구성한다고 지적했다. 또한 (텍스트를 생산하는 방식을 포함한) 이러한 구조적 관계들이 역사 속에 있으며, 그러므로 또한 변할 수밖에 없다는 점을 지적했다. 그러나 해석학자의 가장 근본적인 통찰은 그러한 구조적 관계들을 처음에는 이 관계들에 대한 학자의 재구성을 통해서만 알 수 있다는 것이다. 따라서 생애사 면접은 개인이 (사람들의 관계들의 특징인) 이렇게 상대적으로 지속되는 구조들과의 관계 속에 위치하는 방식을 이해하는 데 중심적이다.

네 가지 가능한 관점을 찾아낼 수 있다. 네 관점들 가운데 첫 번째 입장은 구조적 영향을, 개인들이 이것을 개념화하는 방식을 언급하지 않고 이해할 수 있음을 시사한다. 따라서 생애사 연구자는 이런 입장과 일치하는 방법을 사용해야 한다. 이와 대조적으로 두 번째 입장은 사회적 삶을 지탱하는 구조들과 기제들이 행위자의 서술에 능숙하게 반영된다고 제시한다. 달리 말하면 사회적 행위자들은 적절한 조건 아래에서 자신들의 숙련된 수행들을 적절하게 해명할 수 있으며, 이 해명은 실제로 일어난 일을 반영한다는 것이다. 세 번째 입장은 앞의 두 입장을 조정한다. 행위주체와 구조는 이중성으로 작동한다. 인간은 외부의 영향이 주는 힘에 의해 결정되지 않지만, 사회를 구성하는 일련의 관계들 및 결합들로부터 분리되어 행위하는 제약받지 않는 자유로운 행위주체도 아니다. 행위자들은 지속적으로 일련의 '규칙과 자원'에 의지하며, 이것들은 일단 실체화하면 사회적 삶이 지속되어 일상화하는 것을 허용한다. 인간들은 그들 자신과 다른 사람들이 수행한 (구조적 속성들을 창출하는) 이전의 시도들의 맥락 속에서 세계를 만들고, 동시에 이 구조들을 변형하고, 세계에 대한 뒤따르는 재구성에 영향을 미치는 조건을 변화시킨다. 더욱이 행위주체는 구조들을 변형하지만, 이 주체는 또한 동시에 스스로를 변형하고 있다. 그러므로 구조들은 오직 사회 속의 행위자들의 숙련된 수행 내부에서만 실체가 있으며, 그러므로 오직 순간적으로만 실체를 가진다.

기든스(Giddens, 1984)의 '경향적 자원론tendential voluntarism'에 대해서는 많은 비판이 있는데, 이 중에 아처(Archer, 1996)는 기든스가 행위주체와 구조 사이의 관계를 너무 근접시켰다고 비판했다. 참으로 이 관계는 이중성을 갖는다. 아처는 사회 구조들 및 체계들은 언제나 사회적 행위자들의 활동들과 믿음들에서 상대적으로 독립되어 있다고 보았다. 따라서 아처의 정교한 이원론은 생애사 기록자에게 문제를 제기한다. 구조를 특정 개인들 및 개인들의 집합들이 자신들의 삶을 살아가는 방식에 대해 상대적으로 독립적인 것으로 이해해야 한다면(그리고 그 뒤에 이들의 수행으로 이해해야 한다면), 생애사의 해명은 항상 불완전하다. 그러나 생애사의 해명을 단지 이해의 모자이크 mosaic의 한 부분으로 이해한다면, 이것이 생애사 기록자에게 중요한 것은 확실하다.

텍스트 분석은 생애사/자서전 방법의 핵심이다. 참으로 이것보다 나아갈 수 있고 (특히 텍스트가 생산되기 때문에) 모든 유형의 교육 연구가 텍스트 분석에 관심을 가져야 한다고 제안할 수 있다. 텍스트, 특히 역사 텍스트 읽기에는 수많은 접근 방법이 있다. 이 중에 첫 번째는 단일의미론적monosemantic인 것이다. 스스로 움직이는 역사적 방법intransitive historical method을 사용하는 경우 텍스트는 그것의 의미를 상실하게 되고 이것은 명확한 해석을 구성한다. 의미는 텍스트 자체에 존재하며 한 방향으로만 독해될 수 있다. 이것은 텍스트가 늘 이런 방식으로 독해됨을 의미하지 않는다. 왜냐하면 독자가 여전히 정확한 방법을 채택해야 하기 때문이다. 즉, 독자는 자신의 가치를 현상학적으로 괄호 치기하고(독자는 독서하는 중에 자신의 선입견과 편견을 한쪽으로 제쳐놓을 수 있다), 텍스트에서 의미를 논리적으로 추론하고

(단어들의 조립assemblage 및 그 밖의 준언어적paralinguistic 형태들에서 의미를 도출하는 정확한 방법 중 하나다), 포괄적이어야 한다(읽기는 어떻게든 선택적인 것이 아니다). 단어들을 종이 위에 쓰는 저자가 해당 단어들의 의미를 완전히 이해하지 못할 수도 있기 때문에, 이런 정확한 읽기가 반드시 저자가 의도한 의미를 읽어내는 것은 아니다. 더욱이 저자는 텍스트가 실제로 의미하는 것에 관해서 자신의 생각을 실제로 바꿀 수도 있다. 그러나 검토되고 있는 텍스트 안에는 의미에 대한 명확한 진술이 있고, 이것은 몰-역사적 방법a-historical method을 통해서만 포착될 수 있다.

두 번째 접근 방법도 단일의미론적이지만 여기서는 저자의 의도가 전면에 제시된다. 텍스트는 명확한 읽기를 허용하는데, 그 까닭은 읽기가 저자의 의도와 일치하기 때문이다. 다시 말하면 읽기는 몰-이론적 방법a-theoretical method으로 이루어진다. 던(Dunne, 2009: 108)이 지적하듯 "공감이 가능했던 것은 결국 적절한 해석자가 그의 저자와 '본성이 동일하고', 실질적인 역사적 이해가 역설적으로 역사의 베일을 찢음으로써 이런 기본적인 동일본성성connaturality이 그 자신을 주장할 수 있었기 때문이다". 이것에서 여러 함의를 이끌어낼 수 있다. 텍스트를 여러 상이한 방식으로 읽는다고 이야기하는 것은 저자가 텍스트를 특별한 하나의 방식으로 읽히도록 의도했기 때문에 정당하지 않다. 텍스트 읽기의 목적은 저자가 생각한 것을 재구성하는 것이지 단어의 집합들과 배열들을 이해하는 것이 아니기 때문에, 텍스트 자체만이 저자의 의도를 재구성하는 데 사용하는 하나의 증거, 그렇지만 중요한 하나의 증거로 구실한다. 그러나 이것에는 많은 문제가 있다. 첫째, 저자가 자신의 의도를 필요한 만큼 확실하게 알지 못할 수도 있다. 둘째, 저자가 텍스트에 대한 다중의 읽기를 허용하고자 의도적으로 '작가적인writerly' 텍스트를 만들 수도 있다(Barthes, 1995). 따라서 의미가 텍스트 자체에 존재하는 것이 아니라 텍스트에 대한 읽기 방식 속에 존재할 수 있다. 체리홈스(Cherryholmes, 1988: 12)는 "텍스트에 개입하는 이전의 이해, 경험, 약호, 믿음, 지식 등이 이것에 대한 우리의 읽기를 필연적으로 조건 짓고 매개한다"라고 주장한다. 더욱이 텍스트의 형태 또는 저자의 사고 과정이 텍스트 형태, 즉 텍스트성으로 번역되어 들어가는 방식은 역사 속에 있으며, 이것은 텍스트로부터 저자의 의도를 추론하는 과정을 복잡하게 만든다.

세 번째 접근 방법은 텍스트 읽기에 초점을 맞춘다. 텍스트와 그것에 대한 읽기 방식은 역사에 뿌리를 두고 있다. 하이데거(Heidegger, 1996: 57)는 해석의 '전-구조fore-structure'를 지적한다. 그는 해석이 '우리에게 제시된 것에 대한 전제 가정 없는 파악'이 결코 아니라 언제나 '전-소유fore-having', '전-시야fore-sight', '전-개념fore-conception'을 포함한다고 이야기한다. 그러므로 역사적 텍스트는 그것의 '전-텍스트 pretexts'에 입각해서 독해된다. 각각의 사회에는 언어, 담론, 글쓰기를 조직하는 그 자체의 방식이 있으며, 모든 역사적 텍스트는 독자에게 익숙하지 않은 형식을 가진다. 더하여 각각의 텍스트는 텍스트의 밑에서beneath 작동하지만 텍스트에 그 의미를 부여하는 하위-텍스트sub-text를 가지고 있다. 역사적인 그리고 특정의 읽기를 허용하는 인식론들과 지식의 전통들이 그것이다(Usher, 1997 참조).

　텍스트 읽기가 역사 속에 잠겨 있다는 주장이 야기하는 문제에 대해서는 여러 해결책이 있다. 첫 번째는 이루어지는 해석은 모두 필연적으로 관점적perspectival이며 그러므로 누구나 아주 멀리 나아갈 수 있다는 것이다. 두 번째 가능성은 우리는 우리의 해석적 입장을 어떤 방식으로인가 넘어설 수 있다는 것이다. 가다머(Gadamer, 2004)는 이런 해결책을 (그것이 단지 부분적인 것이기는 하지만) 제안한다. 텍스트에 대한 명료한 읽기가 가능하다고 제시하는 대신에, 가다머는 우리가 어떤 텍스트의 상이한 공-텍스트들contexts과 전-텍스트들을 이해할 수 있다면 이것은 그 자체로 해당 텍스트를 읽는 우월한 방법을 구성한다고 주장한다. 가다머에 따르면 그가 했던 것처럼 우리도 권위와 전통에 대한 각각의 주장들과 씨름함으로써 텍스트 읽기는 (그가 권위의 외부적인 또는 객관적인 보증물을 옹호하지 않음을 우리가 이해한다면) 합리적인 활동일 수 있다. 이성은 언제나 전통의 주장에 종속되어 있다. 그는 다음과 같이 주장한다.

전통과 관습으로 인가받아 온 것은 이름 없는 권위를 가지고 있으며, 우리의 유한한 역사적 존재는 전승되어 온 것 ─ 그리고 명확하게 근거를 가진 것뿐 아니라 ─ 의 권위가 항상 우리의 태도와 행위에 대해 권력을 지닌다는 사실을 특징으로 한다. …… 전통은 이성의 논증을 벗어나는 정당화를 가지고 있으며, 거대한 규모로 우리의 제도들과 우리의 태도들을 결정한다(Gadamer, 2004: 250).

우리가 행하는 모든 해석의 '전-구조'의 위치에 대한 하이데거의 강조는 이런 입장의 거대한 규모의 재주장이다.

이와 같은 생애사 텍스트는 다음과 같은 방식으로 구성된다. 텍스트에 중심적인 것은 해석 과정이며 이것은 두 가지 의제, 즉 생애사 기록자의 의제와 생애사 당사자의 의제의 교직交織으로 이루어진다. 이런 '지평의 융합'(Gadamer, 2004)은 어떤 사람에 관한 또는 자신에 관한 쓰기 행위가 양쪽에게 탐색적이며 발달적이라는 것을 의미한다. 어떤 사람의 평생의 작업에 대한 생애사적 텍스트나 해명은 그것이 구성된 방식에 입각해서 이해되며, 이것은 생애사 기록자의 자기 위치에서의 자서전을 포함한다. 과거는 현재에 입각해서 조직된다. 즉, 현재의 담론들, 서사들, 텍스트들은 과거에 대한 모든 탐색의 배경을 구성한다. 이것은 생애사가 그렇게 불완전하게 회상되는 실제 사건들을 언급한다는 것이 아니라, 과거의 사건들을 자신의 '삶'으로

산 사람들이 수행하는 해석이며, 이러한 해석은 항상 전-텍스트를 가진다는 것이다(Usher, 1997). 더욱이 (텍스트의 의미를 현재 속에 조직하는 수단들을 구성하는) 전-텍스트는 항상 과거 속의 다른 전-텍스트들을 참조하고 그것들을 대체한다(Scott and Usher, 1998). 해명의 공적 차원과 사적 차원은 교직된다. 사적 행위들은 역사 속에 위치하며 사회 속에서 수행된다. '삶'은 파편적이며 전체들과 대립하는 것으로서 부분들, 결코 결실에 도달하지 못하는 서사들, 단절된 흔적들, 갑작스러운 결말들, 새로운 시작들로 구성된다.

교육 이론

이 책에서 우리는 독창적인 교육철학을 해명하고자 한다. 이 철학은 우리가 세계가 어떻게 구조화되어 있는지를 이해하는 데, 그리고 인류의 안녕을 위해 자원을 보다 바람직하게 배치하고자 하는 욕구에 맞추어 이 세계를 어떻게 변혁할 수 있는지를 이해하는 데 도움이 된다. 그러므로 이 책은 정신에 대한 이론이자 세계에 대한 이론이며 더하여 교육에 대한 이론이다.

교육 이론에 필요한 것은 무엇인가? 교육 이론의 특징은 무엇인가? 교육 이론의 특징은 무엇이며 그 특징들 사이의 관계는 무엇인가? 그것들은 아마도 다음과 같을 것이다. 교육 과정을 이해하기 위한 언어, 그 과정을 분석할 수 있는 (다양한 구성 요소들과 그것들 사이의 관계를 판별하고 분리하는) 능력, 존재론과 인식론, 그것들 사이의 관계, 이 모든 것들 가운데 교육적 상황에서 무엇이 필요한지를 규정하는 일관된 이론으로, 일련의 교육적 가치로 전환시키는 방식이 그것들이다. 간단히 말해 교육 이론 또는 교육에 대한 이론은 인간(의 발현적 역량들과 정보 감각들을 포함한)에 관한 그리고 그 안에 인간이 위치하고 있는 환경에 관한 일련의 기본적인 규범적 전제들, 인간과 환경 사이의 관계에 관한 일련의 기본적인 규범적 전제들, 개인들과 그들이 위치하고 있는 환경 두 가지 모두와 관련된 지식과 학습과 변동/변형에 관한 일련의 기본적인 규범적 전제들, 이런 세 묶음의 전제들에 기초한 지식 묶음들과 숙련들과 성향들(여기에는 교육이 발전시켜야 하는 가치들도 포함된다)에 관한 결론들, 적절한 교육학들과 교육 과정들과 표현들 및 표현을 위한 매체들과 학습 환경에 관한 추론과 이러한 믿음들에서 나오는 일련의 실천적 행위들의 판별이라는 특징들을 가지고 있다.

이것은 교육 이론이, 그리고 이런 요건을 상당히 충족하는 바스카의 교육 이론이 의도성, 행위주체의 역량, 행위의 구조, 물질론, 성찰성, 세계, 진보, 교육과 삶의 과정을 서술하고 변화시킬 가능성, 본질주의 및 인간 본성, 교육학, 지식 및 지식 개발, 진리 기준, 자아의 형성, 교육 과정 목표 및 목적, 다른 사람들과 함께 삶, (특히 공존 및 제약된 상태 속에 이미 존재하는 것을 펼침과 관련된) 학습, 학습과정에서의 자아, 자아(또는 행위주체)와 환경 사이의 관계, 층화, 발현, 표상과 그것의 상이한 양식들, 구조들과 기제들, 변증법, 비판성 등의 중요한 사안들에 관해 일정한 견해가 있다는 것을 의미한다. 간단히 말해 교육 이론에 필요한 것은 학습 환경을 구성하는 일련의 특징들과 그것들 사이의 관계다.

바스카는 자신의 교육 이론을 발전시키면서 그것에 영향을 미친 열 가지 견해를 언급했다.

과학철학에서 반일원론의 전통, 반연역주의의 전통, 구체성 이론 가들theorists of the concrete이라고 부를 수 있는 것, 지식사회학과 이데올로기 비판, 카를 마르크스와 특히 그의 실천 개념(이것은 변형적 사회활동 모델Transformational Model of Social Activity: TMSA의 기초를 형성한다), 구조의 개념 및 구조와 사건 사이의 대비에 관한 전반적인 견해(우리는 이것을 클로드 레비스트로스Claude Lévi-Strauss와 구조주의자들의 저작들에서, 그러나 특히 놈 촘스키Noam Chomsky의 저작들에서 찾기 시작할 것이다), …… 당시 절정의 영향력을 보여주었던 루이 알튀세르Louis Althusser, 언어, 자연철학자들, 메타비판적 맥락, …… 관점, 즉 니체의 관점주의Nietzschean perspectivism, 프란츠 파농Franz Fanon의 혁명적 폭력 이론, 일반적으로 위기 이론, 안토

니오 그람시Antonio Gramsci, 아마도 파농에 대한 일종의 정정이나 보완으로서 간디Gandhi (등이다)(Bhaskar, 2008: 33~34).

이 중 처음의 세 가지는 현대의 과학 개념, 특히 과학철학과 반대된다. 네 번째는 지식사회학 및 이데올로기 비판과 관련된다.

이제 나는 지식의 자동적 차원과 타동적 차원의 개념을 가지게 되었고, 과학 지식 및 지식 일반을 사회세계 속에 위치시켜야 할 뿐 아니라 …… 그것들을 세계 자체 속에 위치시켜야 한다는 것, 즉 존재론적으로, 존재하고 있는 것으로, 그리고 물질적으로 자연의(발현적) 부분으로 위치시켜야 한다는 것을 깨닫기 시작했다(Bhaskar, 2008: 37~38).

다섯 번째는 초기 마르크스의 저작들에서 제시된 실천론적 전환이었다. 이것은 (구체적인 사회적 조건에 있는 그것들의 기원으로 되돌아가 추적해야 하는) 추상화의 더 심층적 수준에서 발전한 철학적 개념들을 필요로 했다고 바스카는 주장했다. 여섯 번째 영향은 구조주의였다. 특히 이것은 탐구의 유일한 초점으로서 원자론적 사건들에 대한 거부와 객체들의 경향들과 힘들에 대한, 또는 그가 구조들이라고 언급한 것에 대한 강조를 포함한다. 일곱 번째 영향은 세계에 대한 그리고 세계에 관한 설명에서 언어와 언어 구조의 우선성이라는 관념에 대한 반발이었다. 바스카는 그의 '실재적인 것'이라는 개념에서 이 점을 분명히 밝혔다.

> 사회가 언어 이상의 것으로 구성되어 있다는 것, 사회는 실재하는 억압, 실재하는 모진 가난, 실재하는 죽음, 실재하는 전쟁, 실재하는 싸움을 포함한다는 것, '싸움'이라는 단어나 싸움에 관한 수많은 문장들과 실재하는 싸움은 뚜렷이 구별된다는 것이 나는 명백하게 분명하다고 생각한다(Bhaskar, 2008: 39).

그 밖에 자연철학자들과 메타비판적metacritically 맥락도 영향을 미쳤다.

바스카는 존재론에 관해 세 가지 주장을 했다. 첫째, 앎이라는 타동적transitive 영역과 존재라는 자동적intransitive 영역 사이에 중요한 차이가 있다. 둘째, 사회세계는 개방체계open system다. 셋째, 실재는 존재론적 깊이를 가지고 있다.

바스카의 첫 번째 주장은 존재라는 자동적 세계와 앎이라는 타동적 세계 사이의 구별이다. 이 둘을 융합하면 상향융합의 경우 (자동적인 존재를 타동적인 앎으로 환원하는) 인식적 오류epistemic fallacy를, 하향융합의 경우 (타동적인 앎을 자동적인 존재로 환원하는) 존재적 오류ontic fallacy를 결과하며 일부의 의미를 상실하게 된다. 여기에는 두 가지 함의가 있다. 사회적 객체들과 그것들 사이의 관계들(즉, 연결, 합류, 결합)은 실재하지만 끊임없이 변화하고 있다. 그러므로 그 객체를 그 것의 이전 것과 연결 지어 인식하는 것이 거의 불가능할 만큼 그 객체가 완전히 변형된다고 하더라도 지속하는 것은 바로 변화하고 있는 그 객체다. 두 번째 함의는 사회세계의 경우 특정의 상황과 조건에서는 타동적 영역의 사회적 객체들이 자동적 영역으로 침투할 수 있으며 그러므로 객관화될 수 있다는 것이다.

또한 이것은 타동적 영역과 자동적 영역이 분리될 수도 있음을 시사한다. 바스카는 이것과 관련해 다음의 네 가지 이유를 찾아냈다. 첫째, 세계에는 우리가 그것들을 알고 있는지 여부와 무관하게 사회적 객체들이 존재한다. 둘째, 모든 인식적 주장은 논박 가능하기 때문에 지식은 오류 가능하다. 셋째, 경험세계를 가리키는 그리고 사회적 실재의 더 깊은 수준들, 즉 사회적 기제들의 작동을 무시하는 초현상주의적trans-phenomenalist 진리가 있다. 넷째, 더 중요한 것으로 그러한 심층 구조들이 그것들의 외양과 실제로 상치할 수도 있는 반현상주의적counter-phenomenalist 진리가 있다.

바스카가 제기한 두 번째 주장은 사회세계가 개방체계라는 것이다. 폐쇄체계closed system는 두 조건을 특징으로 한다. 즉, 객체들이 (다른 객체들의 간섭을 받지 않음으로써) 일관된 방식으로 작동하고(폐쇄의 외적 조건), 또한 객체들의 본질적인 성격은 변동하지 않는다(폐쇄의 내적 조건)는 조건이다. 개방체계는 이러한 조건을 전혀 보유하지 않는다. 폐쇄체계에서 판별해 낸 규칙성들은 인과기제들과 동의어다. 폐쇄체계에서는 실험적 특성들이 자연적으로 존재하기 때문에 실험이 필요하지 않다. 그리고 폐쇄체계의 대안으로는 첫째, 인위적 폐쇄artificial closure와 둘째, 체계적인 개방성에 적합한 (간접 증거에 대한 분석으로부터의 추론 판단을 포함한 여러) 방법들과 전략들의 사용, 두 가지가 있다. 이 가운데 첫 번째인 인위적 폐쇄는 수많은 입증되지 않은 가정들에 기초한다. 원래의 지식이 인위적 폐쇄의 조건 속에서 구성되었다고 하더라도 개방체계로의 이전이 가능하다. 이 원래의 지식은 객체의 구성과 정확하게 관련된다. 그러므로 우리는 체계적 개방성의 원칙에 부합하는 방법들과 전략들을 보유하게 된다.

그의 세 번째 주장은 사회적 실재가 존재론적 깊이를 가지고 있다는 것이다. 사회적 객체들은 담론에서 사용되는 이상화된 유형들에 대한 실재적인 표출real manifestations이며 모든 탐구의 초점이다. 그것들은 여러 방식으로 구조화되어 있으며, 이 때문에 힘powers을 가지고 있다(Brown, Fleetwood and Roberts, 2002 참조). 이 구조들(또는 기제들)이 가지고 있는 힘은 세 유형 중 하나일 수 있다. 즉, 힘은 보유될 수 있고 행사될 수 있고 현실화될 수 있다. 보유한 힘은 상황에 따라 그것의 작동이 촉발되는지 여부와 무관하게 객체들이 가지고 있는 힘이다. 그것의 효과는 관찰 가능한 현상에서 나타나지 않을 수 있다. 행사된 힘은 개방체계 안에서 그것의 작동이 촉발되고 그것의 효과가 나타나며 그 결과로 그 힘은 그것이 영향을 미치는 범위 안에 있는 다른 기제들의 다른 힘들과 상호작용한다. 이 행사된 힘도 다른 힘들이 그것의 효과를 상쇄할 수 있으므로 관찰 가능한 현상들을 만들어내지 않을 수 있다. 현실화된 힘은 그것의 효과나 결과를 발생시킨다. 개방체계 안에서 힘들은 다른 힘들과 함께 작동하지만, 이 경우 이 힘들은 억압되거나 상쇄되지 않는다. 체현된, 제도적이거나 담론적인 구조들의 힘은 보유되지만 행사되거나 실현되지 않을 수도 있고, 보유되며 행사되지만 실현되지 않을 수도 있으며, 보유되며 행사되며 실현될 수도 있다. 결과적으로 사건들의 규칙적 결합constant conjunctions에 기초를 둔 인과모델은 기각되면서 발생적-생성적generative-productive인 것으로 대체된다. 또한 객체들 및 객체들 간의 관계는 발현적 속성들emergent properties을 가진다.

이 관점에서 세 가지 명제가 나온다. 첫째, 우리가 인간주체와 학습 실천에 대해 제시하는 서술들은 "의도적 인과성intentional causality 또는 이유의 인과성causality of reason"에 의존한다는 것이다. 둘째, 이러한 서술들은 "공시적 발현적 힘 물질론synchronic emergent powers materialism"을, 즉 담론적이거나 체현적인 객체들의 힘에 일어나는 시간 연쇄적이며 층화적인 변동들을 고려해야 한다는 것이다. 셋째, "사실 담론의 평가적이고 비판적인 함축"을 인정해야 한다는 것이다(Bhaskar et al., 2010: 14, 강조는 저자). 그러나 비판적 실재론은 간접적인 실재론이며, 학습 및 그 밖의 실천들에 대해 그리고 시간 흐름 속에서 그것들 사이의 관계에 대해 해명하면서 모델구성modelling과 역행추론의 과정을 사용한다.

바스카가 이야기하듯 비판적 실재론의 두 번째 국면은 변증법적인 것이다. 그는 변증법에 대해 "개념적인 또는 사회적인 갈등, 상호연결 및 변동의 과정"이라고 서술했다(Bhaskar, 2008: 32). 변증법은 인간의 존재 조건에 영향을 미치고 변동을 일으킬 수 있는 장애물들을 제거할 수 있게 하기 때문에 인간 번성human flourishing의 실질적인 과정을 만들어낸다. 이 장애물들은 '없음들absences'로 인식되며, 이 없음들은 해방적 비판의 실질적이고 우연적인 변증법적 과정에서 없어져야 한다. "존재론적 변증법은 실재와 관련되고, 인식론적 변증법은 실재에 관해 알려진 것과 관련되며, 관계적 변증법은 우리의 지식을 알려진 것에 대한 관계 내부에 메타비판적으로 위치시킨다"(Bhaskar, 2008: 3). 바스카는 인간이 핵심적인 (기본적으로 변화할 수 있는) 인간 본성을 가진 것으로, 그리고 이 본성은 상이한 조건에서 상이한 방식으로 스스로를 드러내는 것으로 이해했다.

비판적 실재론의 세 번째 국면은 메타실재다. 바스카는 『메타실재에 관한 성찰』에서 "이 책은 발전된 비판적 실재론과 발전 과정에서 내가 가진, 내가 메타실재의 철학이라고 부른, 새로운 철학적 관점 사이의 차이점을 명확하게 표현한다"라고 제시했다(Bhaskar, 2010: 1). 주요한 이탈점은 서구의 이원론에서 '일체non-dual, 一體 모델'로의 전환에 대한 강조다. 이 모델에서는 해방이 "이중성 그리고 사물들 사이의 분리의 붕괴, 극복"을 수반한다(Bhaskar, 2002: 45).

메타실재는 변증법적 비판실재론의 논리를 '존재함을 생각함thinking being'에서 '존재함을 존재함being being' — 이것은 (그것의 윤리적 형식 속에) '우리의 존재함이 됨becoming our being', 즉 해방의 존재함의 잠재력을 실현함을 포함한다 — 으로 이동시킨다. 재매혹re-enchantment은 주체-객체 이중성의 붕괴, 그리고 그것과 함께 기호론적 삼각형semiotic triangle의 붕괴에서 온다. 여기서 우리는 존재함과 의미의 즉각적이고 무매개적인 정체성을 가진다. 즉, 실재는 그 자체로 의미 있는 것으로 여겨지고, 이것은 여러 가지 중에서도 우리가 실재로부터 배울 수 있다는 것을 동반한다. 세상은 의미 있는 텍스트였던 것으로 간주되며, 그 텍스트는 우리에게 말한다. 마찬가지로 평화, 사랑, 창조성 등과 같은 가치는 더 이상 마음의 주관적인 분류로 간주되지 않는다. 오히려 이것은 이미 실재 자체의 구성 요소로 간주된다.

이 책은 지식, 학습, 변동의 쟁점들을 기본적 비판실재론, 변증법적 비판실재론, 메타실재의 관점들에서 다룬다. 학습에 대해서 널리 인정된, 하지만 논쟁이 지속되는 하나의 견해는 이것을 일련의 특징들을 가진 과정으로 이론화하는 것이다. 이것은 일련의 교육적 관계 pedagogic relations를 가진다. 즉, 학습자와 촉매 사이의 관계를 통합한다. 촉매는 사람일 수도 있고, 텍스트일 수도 있고, 자연 속의 객체일 수도 있고, 자원의 특정한 배치일 수도 있고, 인공물일 수도 있고, 사람에게 할당되는 역할이나 기능일 수도 있고, 감각적 대상일 수도 있다. 변동 과정이 필요하며, 학습자에 대해 내부적인 것이거나 또는 학습자가 속한 공동체에 대해 외부적인 것일 수도 있다. 학습 에피소드에는 시간적이고 공간적인 배열이 있으며, 이것은 두 방식으로 이해할 수 있다. 첫째, 학습은 내적으로 구조화되어 있으며 둘째, 학습 에피소드는 시간과 공간에서 외부에 위치한다는 것이다.

이것에 더하여 그리고 일반적인 메타이론의 요소로서 학습은 공간적·시간적 특징들을 포함하는 자원들의 배열로 조건 지어진다. 이러한 배열은 체현적·담론적·제도적·체계적 또는 행위주체적으로 이루어지며, 이것은 발생할 수 있는 학습 유형들에 영향을 미친다. 각각의 학습 에피소드는 사회-역사적 뿌리를 지니고 있다. 학습되는 것은 우선 사회 속에서 그리고 개인적인 것의 외부에서 형성된다. 이것은 사람이 살아가는 삶에 의해 모양 지어진다. 따라서 이것은 외부적·내부적으로 매개되며, 이것이 취하는 형태는 이 과정이 인지적인가, 정서적인가, 메타인지적인가, 의지적인가 또는 표현적인가로 결정된다. 마지막으로 학습은 내부화 요소(학습자에게 공식적으로는 외부적인 것이 학습자에 의해 내부화된다)와 수행적 요소(학습자에게 공식적으로는 내부적인 것이 세계 속의 학습자에 의해 외부화된다)를 가진다.

그러므로 학습은 인식적 활동 또는 지식 생산 활동이다. 지식은 식별되는 세 가지의 학습 유형, 즉 인지적cognitive 학습, 숙련 기반적 skill-based 학습, 성향적dispositional 학습에 중심적이다. 인지는 그 자체에 대해 외부적인 어떤 것을 가리키는 (반드시 반영한다거나 동형적이라는 의미는 아니지만) 상징적 자원들(단어, 숫자, 그림 등)에 대한 조작을 포함한다(준거물은 내적으로 관련된 것으로 파악될 수도 있다). 숙련 기반적 지식은 절차적이지만 선언적이지는 않기 때문에 인지와 다르다. 어떤 것에 대한 지식과 어떤 것을 어떻게 실행하는지에 대한 지식을 구별하는 것은 중요하지만, 본질에서는 둘 다 지식 형성 활동들이다. 성향적 지식은 정신과 신체의 비교적 안정된 습관, 기회에 대한 민감성 및 참여 목록들을 가리킨다. 따라서 이들 세 가지 유형의 지식은 원래 상태에서 상이한 형태들을 가지며, 그 결과 다양한 교육적 구조들과 상이한 표현적 또는 수행적 양식들을 가진다. 그리고 이것들의 상이한 내적 관계들과 관련해서 기능적으로만 평가될 수 있다. 이것들을 상이한 방식으로 평가하거나 판단해야 한다.

지식은 (우리가 지식의 본질, 지식의 정당성, 지식의 계보 어느 것을 가리키거나) 논쟁을 일으킨다. 그러므로 상이한 공식들, 개념들, 배열들 사이에서 선택할 것을 요구한다. 이것은 차례로 사용할 수 있는 교육 유형들과 채택할 수 있는 평가 절차의 유형들에 영향을 미친다. 이것은 학습 자체가 항상 우리가 지식이라고 부를 수 있는 무엇인가를 학습하는 것에 관한 것이라는 가정에 근거한다. 따라서 지식과 학습을 밀접하게 묶는 것은 지식이 선언적·절차적 또는 체현적인 것일 수 있다는 그리고 지식의 생산에서 이것을 학습 활동으로 파악할 수 있다는 인정이다. 한 발 더 나아가 바스카의 학습이론은 학습이 그러하듯 공존co-presence이라는 관념을, 그리고 이미 접힌 상태 속에 존재하는 것을 펼친다는 관념을 가리킨다.

바스카는 필자와 진행한 대담에서 비판적 실재론의 메타이론이 학습의 세 국면들을 통합한다고 제시했다.

기본적 비판실재론에서 학습에 관해 이야기하는 것은 대부분 믿음의 발전이라는 측면에서다. 변증법적 비판실재론에서는 학습이 행위의 모든 구성 요소들과 관련되어 있다. 그러므로 가치 수준에서의 학습, 그리고 당연히 더 일반적으로는 필요 수준에서의 학습이 있음이 분명해진다. 이것은 교육에서의 그리고 삶에서의 믿음의 발전뿐만 아니라 당연히 숙련과 성향의 발전에 대해서도 고려해야 함을 의미한다. 『메타실재의 철학』(2002)에서도 학습 모델이 나타나는데, 이것은 접힌 것의 펼침이 요청하는 것이다. 그러므로 우리는 기본적으로 접힌 것의 펼침 모델에 의해서 학습을 외부의 어떤 것에 대한 학습으로 생각하기보다는 인간들이 보유하는 암묵적 잠재력의 펼침으로 생각할 수 있게 된다. 외부는 여전히 매우 중요하다. 교사는 촉매다. 교사는 펼침의 과정이 진행되도록 만드는 조건과 수단을 제공하지만, 강조점은 인간이 처음부터 무한한 잠재력이라는 은총을 받았다고 보는 것으로 변화한다. 그리고 삶에서 일어나는 일은 우리가 자신의 잠재력의 일부를 실현하거나 실현하지 못하는 것이다. 다른 것들은 대부분 무시되거나 호출되지 않는다.

그러나 외부 요소에 주의하지 않는다면 이것은 일면적인 것이 된다. 접힌 것의 펼침 모델은 이와 같이 진행된다. 우리가 어떤 기술이나 프랑스어 같은 언어를 학습하고 있다고 상상해 보자. 자전거 타는 법을 학습하거나 프랑스어를 학습하고 있다면 이것을 다섯 단계로 나눌 수 있다. 첫 단계에서는 자전거를 타면서 넘어진다. 우리는 자전거 타는 법을 학습하거나 프랑스어를 학습하거나 자동차 운전하는 법을 학습하려는 의지나 의도를 가지고 있을 것이다. 그러나 이것에 대해 별다른 희망을 가지지는 못한다. 그다음의 두 번째 단계에서 마법 같은 일이 일어난다. 우리는 자전거 위에서 5초나 10초 동안 머물 수 있게 된다. 이것은 인지 영역에서도 상당히 유사하다. 그리고 비트겐슈타인[Wittgenstein, 2001(1953)]은 다른 철학자들과 함께 우리가 마법을 알 수 없다는 것을 깨달았다. 우리가 마법을 안다면 그것을 잃을 수도 있다. 그러나 우리가 마법을 안다면 유레카eureka 의 순간에 우리 스스로 그것을 발전시킬 수 있으리라고 어느 정도는 믿는다. 우리는 숙련을 얻거나 개념적 돌파구를 얻을 수 있다. 첫 번째 단계는 구애의 주기cycle of courting, 즉 그것을 실행하려는 의지라고 부를 수 있거나 불려왔다. 두 번째 단계는 전통적으로 창조의 주기cycle of creativity라고 불렀다. 이것은 돌파의 순간이다. 세 번째 단계가 매우 중요하다. 이것은 형성의 국면phase of formation으로 불러왔다. 이제 우리는 자전거를 10초나 20초 동안 타고 있을 수 있게 된다. 하지만 자전거를 타고 다른 곳으로 가려면 방향을 바꾸는 방법을 연습해야 한다. 우리는 자동차를 운전하면서 후진할 때 무엇을 하고 있는지에 대해 의식적으로 생각해야 한다.

다음의 네 번째 단계, 즉 만들기의 단계stage of making에서는 놀라운 일이 일어난다. 이제 실제로 프랑스어로 조금은 말할 수 있다. 자동차나 자전거를 다룰 때도 자연발생적으로, 즉 그것에 관해 생각하지 않으면서도 우리가 모국어를 말할 때 하는 방식으로 운전할 수 있게 된다. 우리는 그것을 실행하기 위해 생각하지 않아도 된다. 단지 그것을 실행하기만 한다. 예컨대 모국어를 말하는 것은 기본적인 행위다. 우리는 그것에 관해 생각하지 않은 채 할 수 있으며 그것은 단지 발생할 뿐이다. 이것은 우리가 지식이나 숙련을 획득하는 만들기의 국면이다. 다섯 번째는 우리가 그것에 대해 훌륭한 전문가가 되는 단계, 즉 우리의 의도를 완벽하게 반영하는 것을 세계에 생산해 낼 수 있는 단계다. 우리는 프랑스 북부 도시 칼레에서 프랑스 남부까지 완벽하게 운전할 수 있다. 또는 프랑스어로 편지를 쓸 수 있다. 이것은 성찰의 주기cycle of reflection다. 이런 다섯 단계들은 특정 지식 영역에 대해 (그리고 일반적으로 숙련이나 성향인 것뿐만 아니라) 우리가 숙달하는 방식을 발전시키는 과정이라고 나는 생각한다. 이것은 우리가 가져야 하는 상당히 좋은 발견적 학습법heuristic이라고 생각한다. 물론 교사의 역할을 부인하는 것은 아니다. 촉매의 역할을 부인하는 것이 아니다. 지식은 우리가 발전시키고자 시도하고 있는 것이다. 지식은 언제나 우리보다 앞서 존재한다.

바스카의 저작

바스카가 남긴 수많은 업적이 그의 삶과 교육철학을 가장 잘 알려줄 것이다. 그의 저작은 다음과 같다.

1) 단독 저서
① 『실재론적 과학론A Realist Theory of Science』. 1997(1975)년.
② 『자연주의의 가능성(3판)The Possibility of Naturalism(3rd ed.)』. 1998

(1979)년.

③『과학적 실재론과 인간 해방Scientific Realism and Human Emancipation』. 2010(1987)년.

④『비판적 실재론과 해방의 사회과학Reclaiming Reality: A Critical Introduction to Contemporary Philosophy』. 2011(1989)년.

⑤『하레와 그의 비판자들: 롬 하레에게 헌정하는 논문들과 이것들에 대한 그의 논평Harré and his critics: Essays in honour of Rom Harré with his commentary on them』. 로이 바스카 엮음. 1990년.

⑥『철학과 자유의 이념Philosophy and the Idea of Freedom』. 2011(1991)년.

⑦『변증법: 자유의 맥박Dialectic: The Pulse of Freedom』. 2008(1993)년.

⑧『플라톤 등: 철학의 문제들과 그것들의 해결Plato, etc.: The Problems of Philosophy and their Resolution』. 2009(1994)년.

⑨『동에서 서로: 정신의 모험 여행From East to West: Odyssey of a Soul』. 2000년.

⑩『과학에서 해방으로: 소외와 계몽의 현실성From Science to Emancipation: Alienation and the Actuality of Enlightenment』. 2002년.

⑪『동양과 서양을 넘어서: 지구적 위기 시대의 영성과 비교 종교Beyond East and West: spirituality and comparative religion in an age of global crisis』. 2002년.

⑫『메타실재에 관한 성찰: 초월, 해방, 일상생활Reflections on Meta-

Reality: Transcendence, Emancipation and Everyday Life』. 2002년.

⑬『메타실재의 철학: 창조성, 사랑, 자유The Philosophy of MetaReality: Creativity, Love and Freedom』. 2002년.

⑭『실재의 깊이 가늠하기Fathoming the Depths of Reality』. 2005년.

⑮『평화와 안전 이해하기Understanding Peace and Security』. 2006년.

2) 공동 저서

①『정신들의 만남: 사회주의자들이 철학을 토론하다A meeting of minds: Socialists discuss philosophy』. 로이 에글리Roy Edgley와 엮음. 1991년.

②『다학문 연구와 건강Interdisciplinary and Health』. 버스 다네르마르크Berth Danermark와 공저. 2007년.

③『비판적 실재론의 형성: 개인적 관점The Formation of Critical Realism: A Personal Perspective』. 머빈 하르트비히Mervyn Hartwig와 공저. 2008년.

④『다학문성과 기후변화: 글로벌 미래를 위한 지식과 실천의 변화Interdisciplinarity and climate change: Transforming Knowledge and Practice for Our Global Future』. 셰릴 프랭크Cheryl Frank·카를 게오르크 호이어Karl Georg Høyer·페테르 내스Petter Naess·제네스 파커Jenneth Parker와 엮음. 2010년.

이 책의 제2장부터 제5장까지는 바스카 자신의 작업에 대한 설명, 생전에 필자와 나눈 대담에서 밝힌 내용, 그 밖의 자료에서 바스카가 직접 내놓은 설명에 주로 초점을 맞출 것이다.

제2장

존재함과 앎

제2장부터 제5장까지 내용은 바스카 생애의 마지막 3개월 동안 수집한 단편들이다. 첫 번째 대담에서 바스카와 필자는 비판적 실재론의 세 국면, 윤리, 사전결정predetermination, 사회적 존재의 4평면, 인식적 상대주의, 존재론적 실재론, 판단적 합리주의, 발현, 정신과 세계 등을 논의했다.

나　　비판적 실재론의 세 국면, 즉 기본적 비판실재론, 변증법적 비판실재론, 메타실재에 관해 이야기해 달라. 그리고 이것들이 서로 어떻게 겹치는지에 관해서도 이야기해 달라.

바스카　　가장 간단한 방법은 이것들이 포괄하는 영역을 명확히 하고 이것들이 관련되는 방식을 제시하는 것이다. 아시다시피 기본적 비판실재론은 초월적 실재론과 비판적 자연주의와 설명적 비판 이론으로, 즉 과학철학, 사회과학철학, 윤리학을 향한 발전으로 구성된다. 그리고 변증법적 비판실재론은 서구 철학에 대한 비판으로 끝난다. 기본적 비판실재론, 특히 초월적 실재론의 주요 주제에 관해서는 여기서 이야기할 것이 많지 않다. 이것은 존재론을 옹호하는 논증, 이것을 인식론으로 환원하는 것에 반대해 존재론을 옹호하는 논증, 새로운 존재론을 옹호하는 논증으로 시작한다. 그리고 이런 존재론의 주제는 아마 기본적 비판실재론에서 가장 중요한 단일 주제일 것이다. 그러나 이것은 과학의 수준에서의 그리고 사회과학 및 원시-윤리학proto-ethics의 수준에서의 노선을 따라 오랫동안 지속되어 온 철학적 문제들을 해결하고자 한다. 그래서 과학철학에서는 예컨대 초월적 실재론이 귀납의 문제를 해결하고자 한다. 그리고 사회과학철학에서는 초월적 실재론이 구조와 행위주체의 문제를, 또는 사회적 삶에서 개념의 역할 문제를 해결하고자 한다. 그리고 설명적 비판 이론은 우리가 사실진술에서 어떻게 가치판단이나 가치 함축을 이끌어낼 수 있는지를 보이고자 한다. 그리고 이것은 정통의 철학 교과과정과 비교적 간단하게 들어맞는다.

나는 변증법적 비판실재론을, 변증법의 영향을 받은 사람들이 왜 이것을 그렇게 중요하다고 생각하는지의 수수께끼를 풀고자 하는 시도로서 시작했다. 예컨대 카를 마르크스는 프리드리히 엥겔스Friedrich Engels에게 보낸 글에서(Engels, 1888), "게오르크 헤겔Georg Hegel은 그의 변증법에서 모든 과학의 비밀을 찾아냈다"라고 썼다. 또 다른 글에서 그는 '합리적 핵심'에 관해 이야기했다. 그는 모든 신비주의, 즉 신비화된 외피를 분리하는 것에 대해 이야기했고 이것이 무엇에 관한 것인지를 일반 독자들에게 설명할 것이라고 말했다. 변증법적 비판실재론은 변증법이 무엇에 관한 것인지에 대한 질문에 답하려는 시도로 시작되었고, 나는 이것이 답하고 있다고 생각한다. 이것은 변증법의 개념을 분해하고, 특히 인식론적 변증법과 관련해 변증법의 이념에서 초월적 실재론에 대해 흥미롭고 비판적인 것을 보여준다. 그러나 우리가 변증법과 존재론을 결합하면 변증법적 비판실재론은 존재론적인 것이 된다.

이것은 서양철학의 오래된 믿음, 즉 우리는 실재 속의 부정적 특성들에 관해서는 아무것도 말할 수 없다거나 실재에는 이런 것들이 존재하지 않는다는 믿음을 다룬다. 변화는 항상 재배분이므로 실재에서 진행하는 실질적인 변화는 없는 것이며 특히 세계는 긍정적이고 현재적이다. 실재에는 없음, 공백, 구멍 또는 모순이 없다. 변증법은 그 신화를 타파하면서 (새로운 존재론이 신호하는) 변화의 가능성을 뒷받침하는 변화 분석을 제공한다고 생각한다. 그리고 이것은 비판적 실재론의 발전에 매우 중요하다고 본다. 그런데『변증법』[2008(1993)]과『플라톤 등』[2009(1994)]에서 제시한 것처럼, 존재론적 일가성ontological monovalence의 교의는 서양철학의 모든 궤적에서 절대적인 기초다. 이것은 서양철학에 대한 비판을 요구한다. 기본적 비판실재론에 단일 주제가 있다면 존재론일 것이며, 변증법적 비판실재론에 단일 주제가 있다면 없음과 변화와 부정을 포함하도록 존재론을 심화하는 것일 것이다.

그리고 아시다시피 메타실재는 악명 높은 '영성적 전환'과 함께 시작되었다. 아니, 그것이 직접 선도했다. 그리고 인간세계와 사회세계에는 사회학자들이 대체로 주목하지 않았던 또는 사소한 것으로 취급해 온 더 심층적인 수준이 있다는 것을 제시하고자 했다. 이것은 내가 당신한테서 신문 한 부를 사고자 하는데 내가 지갑을 가지고 있지 않거나 당신이 신문을 내게 주지 않아 거래가 일어나지 않는 그런 수준일 것이다. 이것은 신뢰, 즉 기본적인 인간의 신뢰가 모든 상업적 거래의 기초가 되는 방식을 나타낸다. 그러므로 나는 인간의 사회적 삶에는 영성적 수준으로 판별할 수 있는 더 심층적인 수준이 있다고 주장한다. 궁극의 결과는 변증법적 비판실재론에서 그리고 그 정도는 덜하지만 기본적 비판실재론에서 다룬 자유의 변증법dialectic of freedom을 심화하는 것이었다. 또한 바로 지금 위협받고 있는 오늘날의 인간 생존의 희망에 긍정적 가능성을 제공하는 것이었다. 이것은 지구적 종합위기polycrisis라고 불려왔다. 메타실재의 철학은 존재론 그 이상의 심화된 형태를 취했다. 그래서 영성과 없음은 변증법적 비판실재론의 주안점이지만, 그것들은 대체로 그 영역 내에 있으며 기본적 비판실재론이 지녔던 동일한 열망을 대부분 가지고 있다. 그러나 그것들은 그 열망을 심화한다.

나   그렇다면 당신의 이론에 강력한 윤리적 기초가 있다고 말하는 것은 적절한가? 당신 이론의 윤리적 근거에 대해 조금 더 이야기할 수 있는가?

바스카   기본적 비판실재론과 관련해 내가 사용해 온 비유, 즉 기초작업underlabouring의 비유가 매우 강력하다. 그리고 나는 나 자신이 이 작업(바닥에 흩어져 있는 쓰레기를 청소하는 일)을 실행해 왔다고 생각한다. 과학과 사회과학이 세계에 관해 진술하는 한 사회과학은 가치진술을 할 가능성을 포함하고 있다. 이것은 기본적 비판실재론을 관통하는 그리고 다른 국면들에서도 유지되는 근본적인 주제다.

내가 논의할 또 다른 것은 윤리적 차원에 선행하며, 윤리는 이것에 이어지는 것으로 진지함seriousness의 관념이다. 그리고 이것은 우리가 이것에 기초해 행위할 수 있는 철학을 만들어내는 관념이다. 내가 보기에 진지하지 않은 철학적 진술의 탁월한 사례들은, 우리가 건물 밖으로 나갈 때 2층 창문을 통해 나가는 것보다 현관문을 통해 나가는 것이 더 나은 이유를 제시할 수 없다는 데이비드 흄David Hume의 진술일 것이다. 그리고 이 진술은 왜 그가 늘 현관문을 통해 밖으로 나가느냐는 질문을 제기한다. 물론 이것은 흄이 중력에 관해 알고 있기 때문이라는 아주 타당한 이유를 댈 수 있다. 그러나 흄은 그의 인식론 체계에 중력을 도입하기를 원하지 않는다. 왜냐하면 그의 인식론 체계는 이런 종류의 이론적 실체들의 정당성을 실질적으로 허용하지 않기 때문이다. 이것은 진지하지 않은 철학이다.

기본적 비판실재론의 목표, 윤리적 목표, 전-윤리적pre-ethical 목표는 그 시대에 지배적이었던 인식론적 교리들이 암묵적으로 생산한 세계에 대한 설명에 근본적으로 잘못된 점이 있음을 보이는 것이다. 우리가 흄의 인과법칙 이론, 즉 원자론적 사건들의 규칙적 결합의 이론[Hume, 2000(1738) 참

죄을 받아들인다면, 이것은 세계가 평면적flat이라고, 즉 심층성을 가지고 있지 않다고 제시한다. 세계는 영국이나 미국에서 그러하듯 인도나 짐바브웨에서도 동일하며, 분화는 없고 맥락은 중요하지 않다. 그리고 이것은 세계가 반복적임을 전제한다.

그래서 나는 세계에 관한 이런 가정들에 특히 반대했다. 나는 세계에 관한 이 같은 가정들이 인식론적 이론들을 떠받치고 있으며, 이 이론들은 급진적 변동이나 진보적 발전을 불가능하게 만든다고 파악했다. 바로 여기서 윤리학이 등장했다. 이 이론들을 수용하는 한 우리는 대부분의 이성적인 사람들이 가지고자 하는 것을 가질 수 없었을 것이다. 그리고 우리가 철학적 이론에 깊이 들어가게 되면 우리는 변화할 수 없다. 우리는 플라톤Platon적 형태의 변화하지 않는 요소들의 일종의 재분배를 가지게 된다. 나는 의견을 가지고 있고 윤리적 가치를 가지고 있지만, 비판실재론은 실질적으로 이것들을 전제하지 않는다. 이것들은 그 기초에서부터 발전된다.

나 달리 말하면 세계를 보는 정확한 방식은 그 세계에서 행위하는 정확한 방식을 전제하는가?

바스카 세계를 보는 정확한 방식은 우리가 진보적 행위라고 생각할 수 있는 것에 대한 장애들을 녹여버린다. 그러므로 나는 설명적 비판의 수준에서, 예컨대 우리가 마르크스와 엥겔스[Marx and Engels, 2003(1738)]와 프로이트(Freud, 1997)가 상정한 것과 같은 심층 수준의 구조적 제약들을 살펴보는 심층 실천을 가진다면 특정한 일이 일어날 것이라는 주장에 반대했다. 이것은 많은 차단된 가능성들에 길을 열어주는 것 이상이다. 그리고 내가 변증법적 비판실재론에서 공산주의란 무엇인가에 관한 마르크스의 아름다운 진술을 차용한다면, "각자의 자유로운 발전이 모두의 자유로운 발전의 조건"[Marx and Engels, 2003(1738)]인 사회를 향해 경향적으로 나아가는 운동이 왜 있을 수밖에 없는지를 논증한다는 것은 사실이다. 이것은 우리가 다른 사람들과 대립하는 것으로 우리의 자아의식이나 자아ego를 극복할 것을 전제한다. 우리는 이것에서 멀리 벗어나 있다. 그러나 이것을 옹호하는 적절한 논증이 있다면 이것은 그 방향을 지향할 수밖에 없다. 그러므로 결국 우리는 인류가 스스로 진실해지기 위해서 궁극적으로 이것을 충족하는 사회를 형성할 수밖에 없다는 것을 알 수 있다.

나   이것은 사전결정된 상태가 아닌가?

바스카   아니다. 우리가 스스로를 파괴할 가능성도 매우 크기 때문에 이것이 사전결정된 것일 수는 없다. 그렇지만 우리가 실제로 (내가 사용하는 표현으로) 에우다이모니아eudaimonistic(의미 있고 좋은)* 사회를 발전시킬 가능성도 있다. 이 사회는 자유가 그 수준으로 발전할 수 있는 길을 따라가고자 노력한다.

나 하지만 이것에 꼭 몰두해야 하는가?

바스카 그렇다. 이것에 몰두해야 한다. 이것은 매우 중요한데 그 작업은 사회적 존재의 4평면 모두에서 수행해야 한다. 자연과의 물질적 교류, 사람들 간의 사회적 상호작용, 사회구조, 체현된 인성embodied personality의 층화가 그것들이다. 이들 4평면 모두에 작용하지 않고서는 우리가 원할 수 있는 실질적이거나 좋은 사회변동을 얻을 수 없다는 것을 이해한다면, 소비에트 공산주의 같은 실험들이나 사회민주주의에 대한 수많은 시도가 왜 미흡하거나 완전히 실패했는지를 알 수 있다. 체현된 인성의 층화 평면은 '포이어바흐의 세 번째 명제'(Engels, 1888)에서의 마르크스의 유명한 진술을 계속한다. 교육자는 누가 교육할 것인가? 변혁가는 누가 변혁할 것

---

* 에우다이모니아의 어원인 그리스어 'εὐδαιμονία'는 '훌륭한(eu)', '영혼(daimon, 사람의 운이나 수호신을 가리키기도 했다)'으로 구성되어 있다. 행복, 복지, 안녕, 번성 등으로 번역되며, 여기서는 '가장 의미 있는 좋은 삶'을 뜻한다. _옮긴이 주.

인가? 혁명가는 누가 혁명할 것인가? 우리가 각자의 자유로운 발전이 모두의 자유로운 발전의 조건이라는 이념에 관해 생각해 본다면 이것은 인간의 번성과 행복이 내게는 나 자신의 번성이나 행복과 똑같이 중요하다는 것을 의미한다. 그러므로 우리는 근본적으로 상이한 유형의 인간이 되어야 한다. 우리 모두는 우리 안에 이러한 의미의 무아無我의 이타심selfless altruism을 가지고 있다. 이것이 가족이나 우리의 배우자에게 나타날 때는 자아 없는 이타심이라고 부르지만, 이것은 그 이상으로 확장되지 않는다. 때때로 우리는 공동체나 사회를 위해 막대한 희생을 치르지만, 이것들은 보통은 다른 사람들을 죽이느라고 아주 바쁜 전쟁 상황에서 있는 일이다. 그러므로 이것은 메타실재에서 공존의 이상을 통해 분석하는 종류의 것이다. 공존은 타인이 나 자신의 일부, 인식되지 않은 나 자신의 일부일 뿐이라는 매우 급진적인 이상이다.

나   비판적 실재론의 첫 번째 국면에서의 중심 요소들인 존재론적 실재론, 인식적 상대주의, 판단적 합리성의 삼위일체로 돌아갈 수 있는가?

바스카 먼저 말하고 싶은 것은 순서가 중요하다는 점이다. 그 순서는 존재론적 실재론, 인식적 상대주의, 판단적 합리성의 순이다. 인식적 상대주의는 존재론적 실재론의 맥락 속에 위치하며, 판단적 합리성은 인식적으로 상대적인 상이한 이론들 사이에서 선택하는 장치다. 존재론적 실재론의 개념은『실재론적 과학론』의 첫머리에서 처음 발전되었다. 우리는 암묵적으로 우리 이외의 어떤 것, 즉 우리가 세계에 관해 제시하는 진술 이외의 어떤 것에 관해 이야기할 것이기 때문에 존재론적 실재론자가 되어야 한다. 당연히 이것은 내가 과학에서의 자동적 차원이라고 부른 것이다. 이런 자동적 차원을 살펴보는 또 다른 방식은 의미론적 삼각형을 통하는 것이다. 이 삼각형은 의미가 항상 기표signifier(단어나 텍스트), 기의signified, 준거referent 의 세 요소를 포함하고 있음을 나타낸다. 물론 사회구성주의자들과 포스트구조주의 철학자들은 준거를 무시한다. 소쉬르(de Saussure, 1916)도 준거를 생략했다는 점은 흥밋거리다. 이 점에서는 그들이 소쉬르를 추종하고 있다.

나   그들은 왜 그렇게 완고하게 우리가 준거를 다룰 필요가 없다고 고집하는가?

바스카   그 이유에 대해서는 이렇게 생각한다. 우리가 우리의 서술을 벗어나 세계에 도달할 수 있는 길은 없다. 존재론에 관해서 역사적으로 과거에 제시된 주장은 허위로 드러났다고 흄[Hume, 2000(1738)]과 칸트[Kant, 2007(1781)] 등은 생각했다. 그러므로 우리는 세계에 대해 주장할 수 없다는 것이다. 그러나 내가 세계에 대해 주장하는 방식은 상식적인 수준에서만이 아니라 근본적으로 초월적 논증이라는 장치를 통해서 진행된다. 이것은 특히 자연과학 영역에서의 (인식론에서 중요하다고 평가받는) 인식적 실천을 택하고, 실험 활동 등과 같은 자연과학 안에서의 실천을 택하며, 그것이 무엇을 전제하는지를 질문한다. 그 대답은 그것이 선先존재하고 구조 지어진 세계를 전제한다는 것이다. 그것은 세계에 존재하는 탐구의 대상(이것은 우리가 개방체계인 세계에서 다룰 대상이기도 하다)과 경험적 규칙성과 사건들의 유형 사이에 근본적인 차이가 있다고 전제한다. 그러므로 실재에는 실험 활동이 사전에 상정하는 그리고 적어도 저기에 무엇인가가 있다고 사전에 상정하는 근본적인 구별이 있다. 우리는 그것의 특성을 더욱더 발전시킬 수 있다. 그러나 우리는 문제를 정면으로 다루고 존재론을 옹호하는 논증을 제시해야 한다.

나   그들이 지금까지 제시된 논증을 받아들이지 않기 때문에 존재론이나 존재론의 쟁점을 다루려고 하지 않는다는 것은 내가 생각하기에 이상하다.

바스카 나는 비판철학 이전의 형이상학에서는 외부 세계의 존재를 의심한 사람은 없었다고 생각한다. 논쟁은 신이 존재했는 지 아닌지를 우리가 증명할 수 있는가 여부에 관한 것이었 다. 우리가 알고 있듯이 신이 존재함을 증명하는 것은 매우 어려운 일로 판명되었고 매우 의심스러운 주장들이 많이 제 시되었다. 우리는 칸트[Kant, 2007(1781)]가 공격한 주장들이 모두 오류였다고 해도 그가 과학이나 지식 자체에 관한 존 재론적 질문이나 초월적 질문에 대해 답한 것은 아니라고 말할 수 있다. 오히려 칸트는 과학과 지식을 세계(이것은 독 일 형이상학자들의 대상이었다)에 대치시켰으며, 이것은 대체 로 신이 최고의 존재인 세계였다. 내가 설명하고 있는 종류 의 세계는 옴Ohm의 법칙이나 중력이나 과학적 대상 등과 같 은 것들이다. 이것에서 중요한 점은 칸트[Kant, 2007(1781)] 가 존재론을 논박할 때 우리가 물자체things in themselves에 관 해서는 아무것도 말할 수 없으며, 우리가 이야기할 수 있는 것은 외양이 전부라는 이야기가 된다고 생각했다는 것이다. 여기서 사물들은 현상계에 한정되며 이 세계를 칸트는 정 확하게 흄[Hume, 2000(1738)]과 똑같은 방식으로 서술했다. 칸트는 과학적 탐구의 세계에 대해서 흄의 견해나 실증주 의적 견해를 완전히 그대로 받아들였기에 그 세계에는 구조가 없었다. 칸트[Kant, 2007(1781)]는 현상계에 대한 탐구를 위한 인식론적 구조가 있다는 생각을 믿었다. 전체적인 결과는 비참했다. 우리는 우리가 증명하고 있는 것이 무엇인지에 관해 매우 특정적이어야 한다.

나 이제 실재하는 세계의 몇 가지 속성을 이야기하고자 한다. 여기서는 층화와 발현이라는 개념이 매우 중요하다. 이것에 관해 이야기하기에 앞서 다른 두 요소들, 즉 인식론적 상대주의와 판단적 합리성으로 되돌아가고자 한다.

바스카 우리는 자동적 차원이라는 개념, 또는 더 친숙한 철학 용어로는 존재론을 알고 있다. 과학을 이해하는 데 핵심적인 것은 과학자들이 무엇을 만들어내는가에 관한 생각이다. 과학자들은 역사적으로나 사회적으로 주어진 언어를 사용해 자동적인 세계에 관한 오류 가능한 상대적 믿음을 만들어낸다. 그 믿음 속에서 언어는 항상 변동하며 이것이 타동적 차원이다. 그런데 1970년대에 과학 지식의 상대성에 관해 이야기하는 사람들이 있었다. 쿤(Kuhn, 1962)이 있었고 파이어아벤트(Feyerabend, 1975)가 있었다. 그리고 과학 지식의 오류 가능성과 변동성에 관해 이야기하는 포퍼(Popper, 1959) 같은 사람이 있었다. 그러나 이들은 타동적 차원에 관해 이야기하는 것을 금지했다. 또한 언어나 믿음과 세계 사이에 동형 관계isomorphic relationship가 있다고 가정하며 실재에 관해 이야기하는 사람들이 있었다. 실증주의자들이었다. 그리고 이 모든 논쟁은 사라졌다. 일단 우리가 타동적 차원을 파악하게 되면(이것은 실증주의적인 것일 수 없다), 우리 믿음의 상대성과 사회적 변동성을 지적하는 사람들의 전통 속에서 생기는 수많은 난제들aporia을 해결할 수 있다. 어디선가 쿤(Kuhn, 1962)은 우리가 아인슈타인 물리학의 영향으로 뉴턴 기계론자의 세계와는 다른 세계에 살고 있다고 지적했다. 하지만 다른 의미에서 이것은 동일한 세계인데 쿤은 이런 사실을 간과했다. 그는 이것을 역설로 남겨두었다. 이 역설은 우리가 동일한 자동적 객체를 말하고 있다고 이해할 때 해결된다. 우리는 알베르트 아인슈타인Albert Einstein과 아이작 뉴턴Isaac Newton은 비교하지만 아인슈타인과 크리켓 경기를 비교하지는 않는다. 왜냐하면 여기서는 자동적 객체들이 상이하기 때문이다. 분명히 우리는 '동일한 세계에 관한 변화하는 믿음들 또는 상이한 믿음들' 같은 표현을 사용하면서, 변화하는 믿음들에 관해 이야기하는 역설적인 문젯거리의 그림을 제거한다. 그러므로 역설은 없다.

우리는 파이어아벤트(Feyerabend, 1975) 같은 이들이 강조하고자 했던 것처럼 상이한 이론들의 용어들은 통약불가능

incommensurable하다는 것, 즉 해당 용어들을 서로 번역할 수 없다거나 적어도 완벽하게 번역할 수 없다는 것까지 인정할 수 있다. 우리는 아인슈타인 이론이 세계를 서술하는 방식과 뉴턴 이론이 세계를 서술하는 방식이 전혀 다르다고 말할 수 있다. 그런데 판단적 합리성은 우리가 실재하는 세계를 가리키는 기준을 상정할 때, 즉 세계에 관해 갈등하는 믿음들을 구별할 수 있다고 인정하는 존재론적 실재론을 취할 때 나타난다. 우리는 아인슈타인의 상대성이론에 관한 논쟁에서 수성의 근일점 이동 측정 사례처럼 실재-세계의 상황에서 10 가운데 약 7, 8, 9는 이런 기준을 찾을 수 있다. 대체로 아인슈타인의 이론은 그 자체의 관점에서 옳다고 받아들여지고 뉴턴의 이론도 그 자체의 관점에서 옳다고 받아들여진다. 하지만 아인슈타인의 이론은 옳은 것으로, 뉴턴의 이론은 틀린 것으로 판단할 수 있는 검증 상황이 있다. 그러므로 과학자들이 뉴턴의 체계보다 아인슈타인의 체계를 선호하는 것은 매우 합리적이다. 우리는 다른 체계들과 기존의 대체로 뉴턴적인 체계들 사이에서도 (뉴턴과 양자역학의 시대 이래 많은 발전이 있었지만) 유사한 형태의 분석을 할 수 있다. 사회과학에서는 이러한 판단을 내리는 것이 상당히 어렵지만 원칙적으로는 이러한 판단을 할 수 있다.

나 그렇다면 원칙적으로 세계의 특정 현상에 대한 해석에서 마르크스주의적 관점과 비非마르크스주의적 관점 사이에서도 판단이 가능하다는 말인가?

바스카 물론이다. 예컨대 우리가 제1차 세계대전의 기원을 설명할 때 기업들의 차별적인 이해·관심을 언급하지 않는다면, 당시 식민지 권력들의 상이한 물질적 이해·관심을 언급하는 설명보다 심층적이지 못할 것이다. 반면에 우리가 대처주의Thatcherism를 설명하고자 한다면 마르크스가 분석하지 않았던 현상들을 언급해야 할 것이다.

나 그렇다면 우리는 항상 이론들에 대해 판단할 수 있는가?

바스카 그렇다. 그것은 사회과학이 거의 전적으로 개방체계를 다루고 있기 때문이다. 실천에서 우리는 항상 많은 이론을 필요로 한다. 우리는 항상 다수의 상이한 구조들이나 기제들을 고려해야 한다. 그리고 일반적으로 이런 이론들이 발현적 수준에 관해 이야기하는 곳에서는 질적 차이들이 존재한다. 나는 제1차 세계대전의 기원 등과 같은 역사적 사건들에 관해, 예컨대 계급을 언급하고 무의식을 언급하고 이데올로기 등과 같은 다른 여러 가지를 언급하는 이론에 어떤 문제가 있다고 생각하지 않는다. 개방체계에서의 현상들에 관해 생각할 때 우리가 염두에 두어야 하는 것은 언제나 복잡성을 고려해야 한다는 점이다. 그리고 그 현상이 인간세계에서 일어나거나 인간세계가 그 현상에 영향을 미친다면, 발현적 요소들이 전면에 등장하게 된다.

나 그 발현적 요소들은 존재론적 현상의 속성들, 즉 존재론적 영역 안에서 작동하는 속성들이다. 이런 속성들에 관해 더 많은 것들을 이야기할 수 있다고 본다. 판단적 합리성과 관련해 매우 실질적이고 중요한 쟁점이 있는데, 당신은 충분히 이야기하지 않은 것 같다.

바스카 존재론 자체의 필요성을 입증한 논증과 동일한 종류의 논증으로 입증한 새로운 존재론에는 두 가지 기본적인 특징이 있다. 가장 중요한 두 가지 존재론적 특성이다. 첫 번째는 개방체계라는 개념인데 세계의 분화differentiation를 나타내는 지표다. 두 번째는 존재론적 층화ontological stratification 개념, 또는 내가 실재적인 것the real과 현실적인 것the actual이라고 부르는 것 사이의 구별이다. 여기서 현실적인 것도 또한 실재한다는 것, 그러므로 실재적인 것의 수준은 비현실적인 실재적인 것을 의미한다. 이것에 대해서는 당연히 실재적인 것과 현실적인 것과 경험적인 것the empirical의 3층위 사이의 구분의 일부임을 잊지 않아야 한다. 그러므로 이것의 핵심적 특징은 층화다. 층화에 대해서는 좀 더 이야기할 수 있다. 층화에는 세 가지 의미를 부여할 수 있는데 이것을 구별하는 것이 중요하다고 생각한다. 이것들은 모두 비판적 실재론에 속한다.

첫 번째는 구조나 기제와 이것들이 산출하는 사건 사이의 구별, 또는 실재적인 것과 현실적인 것의 구별, 또는 (객체들이 가진) 힘과 이것의 행사 또는 그 힘과 현실에서의 그 힘의 실현 사이의 구별이라는 관념이다. 이것이 첫 번째 기본적인 구별이다.

두 번째는 실재의 다층적 층화의 관념이다. 이것은 세계에 하나의 수준 또는 하나의 층만이 존재한다는 생각에, 심지어 구별되는 하나의 수준조차 없다는 생각에 대립한다. 구조들과 사건들의 구분은 실재 속에서 원칙적으로 무한하게 반복할 수 있다. 예컨대 식탁을 생각해 보자. 식탁은 움직이는 분자들로 구성되어 있고, 움직이는 분자들은 원자들로 구성되어 있고, 원자들은 전자들로 구성되어 있고, 원자들은 특이성의 양자 장quantum fields of singularity으로 설명된다. 근대 물리학의 역사에서 이 다섯 수준의 구조를 확인했다. 비판적 실재론은 과학이 어떻게 한 수준에서 다음 수준으로 나아가는지 보여주는 훌륭한 도식schema을 가지고 있다. 나는 이것을 'D-R-E-I-C 도식', 즉 서술description, 역행추론

retroduction, 소거elimination, 판별identification, 정정correction 도식이라고 이름 붙였다. 이 도식은 모든 순배의 과학적 발견과 발전에서 일어나는 일들을 기본적으로 보여준다.

현상을 서술할 때 우리는 탐구의 첫 번째 단계에 있으며 이것은 D(서술)이다. 그다음으로 해야 할 것은 역행추론이다. 우리는 그것이 실재한다면 문제 현상의 발생을 해명해 줄 구조나 기제를 추론한다. 창조적 상상력의 역할을 활성화함으로써 다수의 기제나 구조들을 상정할 수 있고 무한한 수의 그것들을 상상할 수 있다. 이것이 R(역행추론)이다. 그리고 일관성 등에 대한 판단에 근거해 그것들을 소거해 나간다. 특히 일부의 자연과학에서는 실험적 검증을 사용하기도 한다. 이것이 E(소거)이다. 그다음으로 경이의 순간, 즉 새로운 구조를 판별할 수 있는 순간에 도달한다. 이것이 I(판별)이다. 예컨대 에메랄드가 녹색이거나 녹색으로 보이는 이유는 에메랄드가 특정 종류의 결정구조를 가지고 있기 때문이라거나 이러저러한 분자구조를 가지고 있기 때문이라고 판별하면, 우리는 이 구조에서 녹색을 나타내게 하는 속성들을 연역할 수 있다. 그러므로 귀납의 문제는 합리적으로 해결된다. 그리고 이런 I 단계는 우리가 얻은 다수의 결과를 정정하도록 허용한다. 이 단계를 C(정정)라고 부르는

이유도 여기에 있다. 우리가 C 단계에 도달하면 새로운 수
준의 구조에서 모든 것을 다시 시작한다. 여기서 우리는 분
명히 이 수준을 가능한 한 경험적으로 자세하고 풍부하게
서술하고자 한다. 그런 다음에 우리는 이 구조의 수준이 왜
그러한지를 알고자 한다.＊ 그러므로 과학은 다양한 현상들

＊ 프래튼(Pratten)은 하르트비히가 편집한 『비판적 실재론 사전(Dictionary of Critical Realism)』
에 실린 '설명'에 대한 글(Pratten, 2007: 195~196)에서, 구조화되고 분화된 세계에서의 현
상들에 대한 설명의 두 가지 기본 양식 또는 도식을 해명한다. "첫 번째 양식은 순수한(또
는 이론적 또는 추상적) 설명 또는 DREI(C) 도식을 가리킨다. 이것은 몇 가지 기본 단계로
진행된다. 첫째, 전형적으로 기존 이론의 관점에서 변칙적인 일부 현상들에서의 규칙성(예
컨대 실험 결과의 일정함)을 서술한다. 둘째, 몇 가지 설명적 기제를 역행추론한다. 이때 아
직 알지 못하는 기제들에 대한 타당한 모델을 만들기 위해 이미 존재하는 이용 가능한 인
지적 자원들을 활용한다. …… 셋째, 경쟁하는 설명들을 정교화하고 경험적 적합성에 결
함이 있는 설명들은 소거한다. …… 넷째, 작동하고 있는 인과기제를 판별(하기를 희망)한
다. 이 인과기제는 다시 설명해야 될 현상이 되는 한편 새로운 지식에 비추어 원래의 이론
을 정정한다. 이런 과정을 통해 문제의 현상을 발생시키는 경향들에 대한 진술을 설명적 구
조로부터 역행추론적으로 연역할 수 있다. 이 구조 자체를 자연적 종(natural kind)이라고
정의할 수 있다. 이 모델은 우리가 자연적 필연성과 필연적 진리를 추정할 수 있는 최상의
근거를 제공한다."
프래튼(Pratten, 2007: 196)은 계속해서 설명의 두 번째 양식을 제시한다. "이것은 응용적
(실천적·구체적) 설명 또는 RRREI(C) 도식으로 불린다. 이것은 근본적으로 개방적인 조
건에서 필요한 탐구 형식으로, 앞의 것과는 조금 다른 방식으로 진행한다. 첫째, 관심의 대
상인 복잡한 사건이나 상황을 이것의 개별 구성 요소들로, 즉 분리된 각각의 결정요인들
의 결과로 분해한다(resolution). 둘째, 이 구성 요소들을 각각에 관해 이론적으로 중요한
관점에서 재서술한다(redescription). 셋째, 각 구성 요소들에 대한 독립적으로 검증된 경

에서 설명적 구조들로의 지속적인 운동의 과정이다. 이것이 과학의 다층적multi-tiered 구조다.

그다음으로 층화의 세 번째 형태는 발현이다. 여기서 발현에 관해 조금 더 이야기해도 괜찮을 것이다.

나   괜찮다면 더 이야기하자. 나는 이것이 매우 중요한 개념이라고 생각한다.

바스카   그렇다. 이 개념은 대단히 중요하다. 발현에 관해 생각하는 가장 좋은 방식은 발현의 수준에 관해 또는 발현적 수준이라고 보이는 것에 관해 생각하는 것이다. 신체와 정신은 이것의 훌륭한 사례다. 나는 항상 뭔가를 선택하기를 좋아한다. 그래서 나는 누군가에게 당신의 팔을 올릴 수 있느냐고 말하고[이것은 비트겐슈타인[Wittgenstein, 2001(1953)]의 사례다], 그가 팔을 들어 올리는 것은 나의 요청에 대한 반응이다. 이것은 신체에서 진행되는 신경생리학적 결정에 대한 반응으로 일어나는 것이 아니다. 이것은 외부에서 오는 요

향 진술의 지식을 활용해 가능한 선행조건들을 소급예측한다(retrodiction). 이 소급예측은 알아낸 원인들이 촉발되고 상호 간섭하며 문제의 구체적 현상이 발생하는 방식에 대한 파악을 포함한다. 넷째, 증거들을 근거로 삼아 가능하지만 부적합한 대안적 해명들을 소거한다(elimination). 그리고 첫 번째 양식과 마찬가지로 판별과 정정(identification and correction)이 이어진다."

청에 대한 반응이며 당연히 팔을 올리는 사람은 그렇게 하는 이유를 가지고 있다. 그는 내 요청에 따르고자 한다. 이것은 철학 강의실에서 있을 수 있는 일이다. 내가 레베카에게 강의실에서 내 겉옷을 가져다줄 수 있느냐고 물으면, 그녀는 강의실에 가서 겉옷을 가져올 것이다. 그 결과로 물질적 이동이 있을 것이다.

이런 사례를 제시하면 발현에는 세 가지 기준이 관련되어 있다는 것을 알 수 있거나 쉽게 이해할 수 있다. 첫째, 발현적 수준은 이것의 기본이 되는 수준에 일방향적으로 의존한다. 우리가 알고 있는 한 사람은 신체가 없으면 정신도 가질 수가 없다. 그래서 신체, 즉 신경생리학은 정신의 필요조건이다.

둘째, 발현적 수준은 분류학적으로(이것의 기본이 되는 수준으로) 환원 불가능하다. 우리는 사람들이 인간세계와 사회세계에서 실행하는 것들에 대해 신경생리학을 준거로 적절하게 설명할 수 없다. 신경생리학은 사람들이 그것을 할 수 있음을 알려준다. 하지만 사람들이 그것을 할 것인가, 그것을 언제 어떻게 할 것인가 등은 사회적이고 인간적인 '원인들'에 달려 있다. 이 원인들은 실천적으로 그리고 원칙적으로 어떤 신경생리학적 수준으로 환원할 수는 없다. 따라서 우리는 동기, 이유, 사회적 규칙, 사회적 관례 및 사회 구조들과 기제들에 입각해 이야기해야 한다.

세 번째 기준이 매우 중요하다. 발현적 수준은 분류학적으로만 (기본적 수준으로) 환원 불가능한 것이 아니다. 현상과 관련된 발현적 수준은 인과적으로도 이것의 기본적 수준으로 환원할 수 없다. 우리가 일단 정신을 가지고 있다면, 그리고 우리가 일단 인간들과 함께 있다면 우리는 인간들이 예컨대 기후를 변화시키는 방식으로 행동할 가능성이 있음을 알고 있다. 이것이 기후변화의 논리적 구조다. 이것은 또한 농업과 공업의 논리적 구조이기도 하다. 하지만 우리가 이것에 대해 생각해 보면 이것은 모든 인간 행동의 논리적 구조다. 우리가 아는 모든 인간 행동이 이러저러한 종류의 물질적 운동이나 이동으로 이루어지기 때문이다. 이것은 물질적 행동을 포함한다. 이것은 신경생리학과 그 밖의 현상들을 포함하며, 우리 인간은 인과 주체causal agent다. 그러므로 의도적 인과성에 대한 이론은 비판적 실재론에서 매우 중요한 부분이라고 생각한다. 이것은 행위가 의도적일 때 그 주체가 변화를 만들어내는 것이며, 그 변화는 행위할 이유를 가지고 있음의 결과로서 물질세계에 나타난다. 이것을 일관성 있는 방식으로 유지할 수 있는, 내가 알고 있는 다른 철학적 체계는 없다. 그리고 이것은 완전히 발전된 발현의 이론을 전제로 한다.

이제 어떤 것이 정말로 발현적인지에 관해, 예컨대 화학이 정말로 물리학에서 발현하는지에 관해 논쟁할 수 있다. 그러나 생명체가 무기물로부터 발현한다는 것을 논박할 수는 없다고 생각한다. 또한 정신이 신경생리학으로부터 발현한다는 주장이나 사회적 수준이 인간적 수준으로부터 발현한다는 주장을 부인할 수는 없다고 생각한다. 적어도 이것들은 아주 분명한 세 가지 발현적 수준들이며, 그것을 더욱 확장하기 위한 논증이다. 그러나 그것은 층화의 세 번째 의미다. 그러므로 구조와 사건 사이의 구별, 실재의 다층 구조, 실재가 층화되어 있다는 생각에서 유래하는 세 번째 유형의 발현 모두가 중요하다. 또한 개방체계라는 관념, 즉 실재가 분화되어 있다는 관념도 흥미로운 결과를 낳는다. 이것의 즉각적인 결과는 우리가 개방체계 안에서 발생하는 것들에 대해서는 단일의 기제나 구조를 준거로 설명할 수 없다는 것이다. 우리는 항상 다중성에 관해 이야기하고 복합적인 세계에 관해 이야기한다.

여러 수준들, 발현적 수준들이 관련되었을 때 상이한 분류법들을 참고해야 한다. 적어도 다중학문분과적multidisciplinary

분류법들, 통상적으로는 적어도 다학문분과적interdisciplinary 분류법들에 관해 이야기한다. 다중학문분과성의 경우 우리는 단지 여러 학문 분과들을 언급할 뿐이다. 그러나 다학문분과성의 경우 유기적 방식으로, 각각의 학문 분과들에서는 예측할 수 없었던 새로운 방식으로 결합해 작동하는 여러 학문 분과들의 대상들을 언급한다. 이것은 내가 적층적 체계laminated systems라고 부르는 것에 대한 이론으로 바뀌었다. 적층적 체계 개념에 대해서는 내 동료인 버스 다네르마르크Berth Danermark와 함께 논의를 발전시켰다(Bhaskar and Danermark, 2006 참조). 이것에 대해 조금 더 이야기하면 좋겠다.

나 그렇게 하자. 우리가 이 이야기를 하기에 앞서서 그 개념을 잊지 않으면서 질문을 하나 하고 싶다. 신체-정신 문제에 대한 당신의 답은 당신의 일반 이론에서 중심적인 것이다. 하지만 학계의 지배적인 생각과는 상충하지 않는가?* 당신

---

* 『비판적 실재론 사전』에서 모건(Morgan, 2007)은 정신-신체 문제에 대한 비판적 실재론의 주요한 공헌을 다음과 같이 정리한다. "이것은 이원론과 환원론이 설정한 논쟁의 기본 관점에 대한 (둘 모두가 존재론적 관념론-물질론의 이분법에 뿌리를 두고 있다는 데 기초한) 거부를 존 설의 생물학적 자연주의(Searle, 1998)와 공유한다. 이원론은 의식을 신비하고 수정 불가능하고 불가해한 것으로 남겨두는 반면에 물질론이라는 이름의 환원론은 의식적 존재의 총체성을 무시한다. 이것이 정신의 특성에 대한 질문을 먼저 제기하는 바

은 이 말에 동의하는가? 확실히 교육에서 지배적 사유는 당신의 생각과는 다르지 않은가?

바스카   동의한다. 1987년 『과학적 실재론과 인간 해방』을 쓰고 있

로 그 속성이다. 공시적 발현적 힘 물질론(synchronic emergent powers materialism)은 의식이 물질적인 두뇌의 환원 불가능한 발현적 속성이라고 주장한다. 공시적(synchronic)이라는 용어는 발현이라는 용어의 사용을, 종들 및 그것들의 능력 진화에 대한 그것의 통시적(diachronic) 적용과 구별하기 위해 사용된다. 따라서 의식은 주어진 형태의 물질적 뇌와 동시 발생한다. 그러나 이것이 그 자체로 의식적 행위와 두뇌 물질성의 시간적 관계에 대한 단호한 주장을 나타내지는 않는다. …… 철학적 관점에서 볼 때 비판적 실재론자들은 관념론이나 물질론의 언어로 그것에 관해 이야기하는 것은 개념적으로 납득되지 않는다고 주장하는 경향이 있다."

모건(Morgan, 2007: 221)은 계속해서 다음과 같이 주장한다. "이유가 원인일 수 있는, 정신의 발현적 힘은 이것의 중요한 측면이다. 상식적으로 볼 때 믿음과 욕구가 의도적 행위를 결과한다고, 그러므로 의식이 개인의 행위를 안내하고 변형적 사회활동 모델을 통해 자연적·사회적 구조들에 영향을 미친다고 주장하는 것은 상대적으로 문젯거리가 아니다. 이것에 대한 부인은 의식이 상호작용적이라는 생각에 대한 거부에 관한 것이기보다는 인과관계와 자유에 대한 상이한 철학적 입장들의 견해의 원상태의 보전에 관한 것이다. 강한 형태의 사회구성주의인 포스트모더니즘과 많은 정치철학자들은 이유가 원인일 수 있다는 생각을 거부하는데, 이들이 인과관계를 흄의 인과 개념인 규칙적 연쇄로 이해하기 때문이다. 의식이 선택을 수반하고 이유에 기반한 행위의 결과가 다양하게 실현되기 때문에 이들의 관점에서 그것은 인과적인 것이 아니다. 그리고 이런 정의를 적용하는 것은 자유의지와 선택 등의 소중한 개념들을 손상하면서 인간의 행위를 유전적 결정관계나 행동주의적인 자극-반응으로 환원하는 형태로 가는 길을 열어주는 것이다. …… 비판적 실재론은 이유의 가능성의 발생과 이유의 이어지는 발생적 기제들에 주목하기 때문에 인과관계와 이유 사이의 그리고 환원주의적 물질론과 방어적 관념론 사이의 이런 잘못된 선택에서 벗어난다."

을 때 출판사가 내게 (이름을 밝히고 싶지 않은) 어떤 학자와의 만남을 주선했다. 그는 발현이 과학적 개념이 아니라며 나를 설득하려고 했다. 당시 발현 개념은 완전히 논란거리였다. 그러나 오늘날 발현은 인정되고 있으며 세계를 재서술하는 한 방식으로 간주되고 있다. 표준 이론은 발생하는 모든 일은 신체적 수준에서 발생한다는 것, 그러나 우리가 심리학적 수준에서 현상에 관해 이야기할 때에는 이 요소들을 재서술한다는 것이다. 나는 이것이 명백히 부적절하다고 생각한다. (『자연주의의 가능성』에서 제시한) 사례를 들어보겠다. 우리가 식사를 하는데 소금과 후추가 당신 앞에 있다면 나는 당신에게 소금과 후추를 건네달라고 요청할 것이고 당신은 그것들을 건네줄 것이다. 이것은 당신이 수행하는 신체적 행위이지만 당신의 신체와 관련되지는 않았다. 이 행위의 이유, 즉 원인은 나의 요청이다. 이런 모델들은 모두 실질적으로 우리가 환경에서 분리되어 작동할 수 있는 신체라는 암묵적인 폐쇄체계를 가지고 있음을 전제한다. 이것들은 사회적 상호작용을 제외한다. 비를 맞는 상황을 예로 들어 이해해 보자. 비가 내릴 때 건물 밖에서 걷는다면 비에 젖을 것이다. 비와 나 사이에는 인과적 상호작용이 있다. 비는 나를 젖게 만들며 이것을 예측해 나는 우산을 준비한다. 이때의 설명은 내게 일어난 일들이 아니라 비에 입각해 이루어질 일들이다. 우리의 신경생리학은 정확하지만, 의도적 행위 속에서 신경생리학이 이유나 동기에 대해 반응하는 방식은 기계가 스스로 재설정할 수 있는 방식이나 우리가 자동차에 들어가서 운전할 때 일어나는 것과 상당히 유사하다.

나　그렇다면 뇌에 대한 연구, 특히 교육에서의 뇌에 대한 연구에 투입된 온갖 시간, 노력, 자원으로 인해 어떤 일이 일어나고 있는가? 뇌가 작동하는 방식을 탐구하는 수많은 연구에 막대한 돈이 지출되고 있다. 이 연구들은 피상적 수준에서 수행될 것이다. 이 연구들은 생리학적 수준보다 더 깊은 수준으로 나아가지는 않을 것이다.

바스카　그렇게 생각한다. 이 연구들이 흥미로운 사실들을 보여줄 수도 있지만 정신의 작동에 접근할 수는 없을 것이다.

나　우리는 뇌 연구에 관해 이야기하고 있다.

바스카　내가 정신이라고 부르는 것의 수준에서 무엇인가가 일어난다. 그리고 두뇌에서는 반응이 일어난다. 이것은 순간적인 반응이다. 일단 우리가 의도적 수준을 고려한다면 뇌 연구는 상당히 일관된 것일 수 있다.

나　그러나 그것은 제한적이다. 그것은 정신의 작동에 대해 충분한 설명을 제공하지 못할 것이다.

바스카　일부 뇌과학자들은 의도적 수준을 고려하는 쪽으로 나아가
리라고 생각한다. 궁극적으로 두뇌는 폐쇄체계가 아니다.
우리의 두뇌 상태는 부분적으로는 의도적 주체의 수준에서
그리고 사회적 인과성의 수준에서 일어나는 것들로 결정된
다. 예컨대 우리는 이 책을 쓰려는 계획의 결과로 여기서 만
나 대담하고 있다. 우리 신체 안에 이것을 미리 결정하는 것
은 없다. 물론 우리 신체가 이것을 수행할 수 있는 상태에
있어야 한다.

나　나는 이것이 매우 중요한 의견이라고 생각한다. 그 돈은 모
두 피상적 수준의 현상을 탐구하는 데 소비될 것이다.

바스카　주석 삼아 말한다면 비판적 실재론자들이나 비판적 실재론
이 이런 종류의 연구에 대한 개입에 더 많이 비판할 수 있다
면 좋을 것이다. 그러나 우리는 학계에서 이제 돈을 따내라
는 압력을 강력하게 받고 있다. 우리에게는 그것을 할 시간
이 없다.

나　적층lamination에 대한 이론은 근래 당신이 발전시킨 것이다.
이 이론에 대해 설명해 달라.

바스카　적층이론은 내가 다네르마르크와 함께 작성한 논문에서부
터 발전시켰다(Bhaskar and Danermark, 2006). 나는 다네르

마르크의 초청으로 스웨덴 외레브로 대학교Örebro University
에서 한 학기 동안 객원교수로 지낸 적이 있다. 당시 다네
르마르크는 다학문분과성의 모든 주제에 깊은 관심이 있었
다. 우리는 다학문성에 관한 저작들에 대한 문헌 검토에서
시작했는데 당시에 이 개념이 유행했다. 그리고 나서 다학
문성의 존재론에 관한 글을 찾을 수 없다는 데 놀랐다. 세
계에 있는 무엇이 다학문성을 필요한 것 또는 유익한 것으
로 만드는지에 관한 글은 없었다. 이것은 모두 인식론적 차
원에서만 다루고 있었다. 이것은 인식적 오류의 수준이나
존재론의 인식론으로의 환원이 여전히 지배적임을 보였다.
이것이 우리의 첫 번째 관찰이었다.

우리의 두 번째 관찰은 장애 연구였다. 1960년대부터 장애
연구의 전체 역사가 연속적인 단계들의 환원주의를 특징으
로 한다는 내용이었다. 첫 번째 단계의 환원주의는 장애를
임상 모델이라고 부르는 것에 입각해 이야기하고 설명했
다. 장애는 신체적 손상의 문제로 간주되었다. 이것은 신경
생리학적 수준이나 생물학적 수준의 문제였다. 1970년대와
1980년대에 와서 이런 입장에 대한 비판이 제기되었고 이
제는 장애를 자원의 결과로, 아니 오히려 자원 부족의 결과
로 보는 견해가 등장했다. 예컨대 모든 공간에 휠체어로 접

근할 수 있다면, 즉 우리가 충분한 자원을 보유하고 있다면 장애는 아무런 문제가 되지 않는다. 이것은 대체로 사회경제적 수준에서의 경제적 문제였다. 그러나 이것도 본질적으로는 여전히 환원주의적이었다. 이들은 손상 등은 말하지 않았다. 장애 연구는 손상을 설명하는 것인데도 말이다. 1980년대에서 1990년대로 들어서면서 세 번째 국면의 환원주의가 나타났다. 이것은 사회구성주의적 환원주의였다. 여기서는 장애가 모두 언어의 문제라고 주장했다. 내가 두 사람을 지목하며 그중 한 사람을 장애인disabled이라고 부르고, 그들을 능력이 상이한 사람들differently abled이라고 부른다면 아무런 문제도 없을 것이다. 사회구성주의적 환원주의는 언어, 예컨대 오명 찍기stigmatization 사용의 심리학적 상관물들을 지적했다.

그런데 우리는 세 가지 비판을 모두 좋아했다. 분명한 생각은 세 가지 모두에 진리의 수준이 있다는 것이다. 그러나 왜 이것들을 결합하지 않는가? 이것들을 결합하지 않은 이유는 현실주의, 즉 현상에 대한 설명에서 폐쇄체계 관념의 지배, 그리고 한 수준의 인과성, 하나의 계기의 인과성이 있다는 생각의 강력한 영향 때문이었다. 물론 개방체계에서는 그렇게 되지 않는다. 우발적인 사고를 설명하고자 한다면 우리는 언제나 네댓 가지의 상이한 기제들, 구조들 또는 작인作因들을 관련시킨다. 제1차 세계대전의 기원을 설명하고자 한다면 여러 상이한 수준의 결정관계들과 여러 상이한 유형의 기제들을 끌어들인다. 그래서 우리는 적층이라는 개념을 차용해 사용하는 것이 좋은 착상이라고 생각했다. 이착상은 개방체계에서는 우리가 흔히 사실상 적층적 체계라고 할 수 있는 것을 다룬다는 것이다.

적층적 체계에 관해서는, 어떤 사건의 인과관계나 그에 대한 처리를 완전하게 이해하기 위해서는 해당 체계의 모든 수준들을 고려해야 한다. 그래서 실제 장애의 몇몇 사례를 논의했다. 분화의 수준들이 고정되어 있지는 않았다. 하지만 우리가 논의한 전형적인 한 가지 분화는 가령 휠체어로 접근 가능한 물리적 수준, 그다음으로 신체의 손상일 수 있는 생리적 수준이나 생물학적 수준, 그다음으로 심리적 수준, 그다음으로 사회적 수준이나 경제적 수준을 강조하는 사회-경제적 수준, 그다음으로 의미에서 언어가 매우 중요한 사회-문화적 수준, 그다음으로 규범적인 수준을 포함했다. 이렇게 예닐곱 가지 수준을 모두 고려하지 않고서는 장애라는 현상에 관해 실질적으로 언급하거나 적절하게 이야기할 수 없다고 주장했다. 이것은 명백히 불완전할 것이다.

우리가 이러한 점을 지적했을 때 여러 사람들이, 그리고 (예컨대 명백히 개방체계적인 기후변화 분야와 같은) 다른 분야들에서 연구하는 비판적 실재론자들이 주로 즉각 공감을 보였다. 고든 브라운Gordon Brown은 「교육학에서 존재론적 전환: 학습 환경의 장소The ontological turn in education: The Place of the Learning Environment」(2009)라는 논문에서 적층적 체계를 언급했다. 내가 노르웨이의 몇몇 비판적 실재론자들과 함께 쓴 『다학문성과 기후변화: 글로벌 미래를 위한 지식과 실천의 변화Interdisciplinarity and Climate Change: Transforming Knowledge and Practice for Our Global Future』(Bhaskar et al., 2010)도 출판되었다. 또한 『위기의 시대의 노르딕 생태철학Nordic Eco-Philosophy in an Age of Crisis』(2008)도 있다. 이 두 종의 책은 적층적 체계를 사용하는 사람들의 수많은 사례를 담고 있다. 그런 다음에 나는 여러 상이한 유형의 적층적 체계들이 있다는 것을 분명히 알게 되었다.

이러한 상이한 수준들로 구성된 적층적 체계 외에도 4평면 사회적 존재four-planar social being의 모델도 있었다. 일반적으로 우리는 이 4평면, 즉 자연과의 물질적 교섭, 사람들과의 사회적 상호작용, 사회구조, 체현된 인성이라는 층화의 4평면 모두를 고찰해야 한다. 다른 모델은 규모의 상이한 수준들different levels of scale로 구성되었다. 그래서 사회세계에서는 내가 처음에는 우리가 특징적으로 행동과 사물들이 아니라 사회세계에 있는 지속적인 관계를 다룬다고 말했지만, 그렇다고 해도 이것에 관해서 과잉-순결하지 않아야 한다는 생각이 들었다. 나는 일곱 개 수준의 규모의 모델을 개발했다. 첫째는 하위-수준sub-level의 규모로 동기와 의식이었으며 사회적 설명의 수준이 될 것이었다. 둘째는 개인적인 것의 수준이 있다. 행위주체들의 생애사도 매우 중요하며 소설에서 강조된다. 셋째는 미시-수준의 사회적 상호작용이 있다. 고프먼(Goffman, 1959)과 가핑클(Garfinkle, 1984)이 다루었으며 우리는 이것을 배제할 수 없다. 넷째는 중간-수준의 고전사회학이 있다. 뒤르켐[Durkheim, 1982(1895)], 베버[Weber, 2002(1905)], 마르크스[Marx, 2003(1738)]가 언급했다. 다섯째는 거시-수준이 있다. 이 수준에서는 전체로서 사회, 또는 예컨대 노르웨이 경제 같은 전체로서 부문에 관해 이야기하고자 할 수 있다. 여섯째는 거대-수준mega-level이 있다. 이 수준에서는 예컨대 자본주의나 고도근대주의 같은 전체적인 지리적 또는 지리-역사적 궤적들이나 구획들에 관해 이야기하고자 할 수 있다. 일곱째는 행성적 수준이다. 이 수준에서는 지구적인 것의 수준, 즉 지구적 수준에서의 인과

관계에 관해 이야기하고자 할 수 있다. 월러스틴(Wallerstein, 1984)이 그 예다. 우리는 이것을 시간 속에서 뒤로 확장할 수 있다. 이것의 친숙한 장르는 세계사를 참조하며 이행적인 경향을 찾아내는 것이다. 내 동료인 리 프라이스Leigh Price는 일곱 개 수준의 규모를 사용해 남아프리카에서 젠더에 기초한 폭력을 연구했다. 프라이스는 이 연구에서 일곱 개 수준의 규모를 사용하는 이론이 유엔 기구나 대부분의 설명에서 나타나는 단지 두세 개 수준을 사용하는 경우보다 얼마나 더 좋은지를 입증했다. 달리 말하면 식민주의나 인종격리apartheid가 있었고, 이것들은 또한 무의식의 수준에서도 작용할 수 있었다. 그러므로 우리는 이것들을 거대 수준에서 그리고 무의식의 수준에서 고찰해야 한다. 젠더에 기초한 폭력에 대한 통상적인 해명은 그렇게 하지 않는다.

그래서 이것은 규모에 관한 적층적 모델이다. 그리고 발현을 포함하는 상이한 공간-시간성들과 관련된 매우 흥미로운 네 번째 모델이 있다. 우리는 뉴델리 거리에서 거기에 존재하는 상이한 역사적 시대들을 볼 수 있다. 고급 승용차, 작은 삼륜차, 스포츠카, 코끼리가 같이 다니고 하늘에는 로켓이 날아다닐 수도 있다. 비판적 실재론자들은 가령 정신 건강을 돌보는 사회복지 사업을 설명하는 데 이 모델을 사용해 사회복지사들이 상이한 모델들을 가지고 활동한다고 주장했다. 정신 건강에 대한 (기본적으로 그것은 모두 각자의 결함이라고 주장하는) 신자유주의적 모델이 있으며 이것의 밑에는 더 오래된 사회복지 모델이 있다. 그 밑에는 더 원시적이고 시간적으로 더 오래된 모델이 있다. 여기서는 사람들을 정신병원에 가두어놓고 공동체에서 격리했다. 그들이 오늘날의 실천을 다룰 때는 이 상이한 수준들 사이에서 전환한다. 이것은 페디먼트적 모델pedimental model이라고 부를 수 있다. 왜냐하면 페디먼트pediment*에 그려진 오래된 장인들의 그림을 살펴보면 기존의 그림은 그대로 둔 채 그 위에 다시 그린 그림을 볼 수 있기 때문이다. 페디먼트적 모델이라는 용어는 여기서 유래한다. 그렇게 이것들은 적층적 체계의 네 가지 모델이다. 이 모델들은 교육 현상을 포함한 개방체계적 현상들을 설명하는 데 모두 매우 유용한 장치로 입증되었다. 여기서 우리는 설명을 단일 수준으로 환원하지 않고 상이한 수준들 사이의 동역학을 살펴보아야 한다. 그래서 나는 적층적 모델의 관념은 개방체계에서의

---

* 고대 그리스와 로마 건축물의 지붕 밑이나 문 위쪽에 사용된 삼각형 모양의 장식물로 주로 양각의 조각을 넣었다. 르네상스 이후 신고전주의 정신이 확산되면서 유럽에서 건축물들은 물론 가구나 소품들에도 사용되었다. _옮긴이 주.

상이한 기제들의 환원 불가능성을 다루는 유용한 비판적 실재론적 방법이라고 생각한다.

여기서부터 바스카가 말하기 힘들어했기 때문에 대담을 끝냈다. 우리는 한 달 뒤에 대담을 위해 다시 만났는데 그것이 마지막 만남이 되었다. 그 대화의 기록이 다음 장의 주요 부분을 차지한다.

제3장
—
지식, 학습, 변화

두 번째 대담에서 우리는 재현representation, 지식, 학습, 변화, 환원주의, 메타-성찰, 보편적인 것의 가능성, 변증법적 비판실재론, 복잡성, 현실주의, 인식적 오류, 메타실재 및 행위주체에 관해 논의했다.

나   재현과 비판적 실재론에 관해 이야기해도 괜찮겠는가?

바스카   물론이다. 재현의 개념은 지식, 학습, 변화의 개념과 마찬가지로 비판적 실재론에서 매우 중요하다. 이 세 가지 개념에 관해 그리고 이 개념들이 비판적 실재론의 세 국면들을 통해 어떻게 심화(한다고 내가 생각)하는지에 관해 조금 말하고 싶다. 지식에서 시작하자. 기본적 비판실재론의 관점에서 자동적 차원과 타동적 차원은 근본적으로 구별되지만 변증법적 비판실재론으로 나아가면 지식은 존재함의 일부로 나타난다. 그러므로 여기서 우리가 사용하려는 개념은 짜

임관계성constellationality*이다(Hartwig, 2007: 78 참조). 이것은 변증법적 비판실재론의 개념이며, 존재함은 존재론을 포괄하고 존재론은 인식론을 포괄한다는 생각이다. 인식론과 믿음은 존재론의 부분이 된다.

그런데 존재적 자동성의 개념은 모든 과학적 탐구에서 필수적인 요건으로 유지된다. 하지만 이것이 과학자는 어떤 순간에도 자신이 만들어내지 않은 그리고 자신에 대해 독립적으로 존재하는 객체들을 탐구한다는 이야기는 아니다. 지식의 과정과 존재함, 즉 일반적으로 사회적으로 존재함의 과정은 상호 의존적일 수 있다. 그러므로 변증법적 비판실재론의 시기의 생각은 대체로 존재론이 모든 것을 포괄한다는 것이다. 이것은 단지 믿음들뿐 아니라 허위의 믿음들과 망상들까지 포함한다. 실제 이것은 인과적 영향을 미치는 온갖 것을 포함한다. 메타실재의 철학의 시기에 이르면

---

* 바스카는 "개념들은 별자리가 별들과 관계를 맺는 것처럼 객체들과 관계를 맺는다"라는 베냐민(Benjamin)과 아도르노(Adorno)의 견해를 참고해 '짜임관계성'이라는 개념을 사용한다. 원어인 'Konstellation'은 별자리, 성좌를 의미한다. 별자리에서 특정 별의 위치는 다른 별들과의 관계를 통해 규정된다. 예컨대 존재론 안의 인식론이나 원인 안의 이유처럼, 확장하는(over-reaching) 용어 안에서의 봉쇄의 형상을 의미한다. 이 용어로부터 확장당하는(over-reached) 용어가 통시적으로 또는 동시적으로 발현할 수 있다. 이 용어는 동일성, 통일성, 유동성 등의 형태를 취할 수 있다. _옮긴이 주.

강조는 다시 세계의 객체와 인지적 약진cognitive breakthrough 사이의, 적어도 발견의 순간에서의 일종의 동일성이라는 관념으로 조금 이동한다.

내가 생각하기에 중요한 개념은 변증법적 비판실재론에서 정리한 진리의 변증법dialectic of truth이다. 이것은 정말로 재현에 관한 약간의 이야기로 이어진다. 이것을 간략히 개관한다. 진리는 상당히 복합적인 개념이다. 진리는 이런저런 방식으로 특징적인 변증법적 진보와 연결될 수 있는 네 가지 구별되는 의미를 지닌다.

진리에 부여할 수 있는 첫 번째 의미는 내가 신뢰의 의미라고 부르는 것이다. 내가 무엇인가에 대해 참이라고 말하면 이것은 나를 신뢰하라는 의미의 말이다. 우리는 이것을 근거로 행위할 수 있다.

진리의 두 번째 의미는 증거적 의미다(비판적 실재론자들이 가장 많이 이야기해 온 것이다). 이 경우에 우리가 무엇인가에 대해 참이라고 말한다면 우리의 말이 의미하는 것은 이것이 확실한 근거를 가지고 있으며 이것에 대한 충분한 증거가 있다는 뜻이다. 그런데 이런 두 가지 의미는 분명히 타동적 영역에 속한다. 첫 번째의 신뢰의 의미는 진리의 주관적 또는 내재적 측면이라고 부를 수 있다.

다음으로 우리는 진리의 세 번째 의미로 이동한다. 이것은 타르스키(Tarski, 1983)의 잉여이론redundancy theory의 풍미를 보여준다. 이 의미의 진리는 자동적 차원과 타동적 차원 양쪽에 걸쳐 있다. 여기서의 의미는 '잔디는 녹색이다'는 문장은 잔디가 녹색임에 대한 최선의, 즉 가장 완벽한 재현 또는 표현이라고 말하고 싶어 할 때의 그것이다. '잔디는 녹색'이라고 말하는 것은 잔디를 언어로 완벽하게 표현한다. 이것은 표현적인 것으로서 진리이거나 우리가 그렇게 부르고자 한다면 표현적 지시다.

네 번째 의미의 진리는 진리에 관해 이야기하는 것은 사물들의 진리에 관해 이야기하는 것이라는, 즉 왜 그것들은 그러한가에 대한 설명 또는 이유를 의미한다. 가령 물이 섭씨 100도에서 끓는다는 것에 대한 진리 또는 설명은 물이 H_2O의 분자 구성을 가지고 있다고 말하고자 하는 것이다. 여기서의 진리는 사물들에 대한 근거이며 이런 의미의 진리는 존재론적이다. 나는 복잡한 개념으로서의 진리에 대한 이런 이해가 철학자들이 씨름해 온 몇 가지 어려움을 해결할 수 있다고 생각한다.

나　이제 재현, 특히 재현의 다양한 (가상적·도형적·계수적·법제적·상징적 또는 구술적) 형식들로 옮겨갈 수 있겠다. 당신이 이미 언급한 관계, 즉 지식과 세계 사이 또는 지식과 존재함 사이의 관계에 대해 나는 관심이 있다고 할 수 있다.

바스카   그렇다. 이것은 지식과 세계 사이의 관계다. 나는 철학자들, 특히 경험주의적 전통의 철학자들이 이것을 상당히 조악한 방식으로, 즉 동형적 반영isomorphic reflection인 것으로 파악해 왔다고 생각한다. 물론 우리가 도형적 재현이나 법제적 재현에 관해 다룰 때 동형적인 것에 관해 이야기하는 것은 아니다. 우리가 물리학이나 양자역학의 측면을 다룬다면 분포에 관해 이야기하고 있기 때문에 심지어 일대일의 관계에 관해서조차 이야기하는 것이 아니다. 이것을 이해하는 방식은 세계에 대한 우리의 재현을 그 세계를 이해하고 설명하고 잠재적으로 그 세계를 변화시키는 우리 과정의 일부로 보아야 한다는 것이다. 그러므로 이것은 지식 발전의 맥락 속에 놓여야 한다.

나   그렇다면 리처드 로티Richard Rorty의 허수아비는 문자 그대로 거짓인가? 여기서 우리는 자연의 거울을 다루는 것이 아니다.

바스카   참으로 우리가 관심이 있는 것은 자연의 반영mirroring nature이 아니다. 우리는 자연의 이해에 그리고 그렇게 할 수 있는 한에서 자연을 변경하는 것에 관심이 있다. 이것은 우리가 인간과 환경 사이의 관계에 관해 제기한 문제와 연결된다. 매우 중요한 문제라고 해야 한다.

나　알다시피 레프 비고츠키Lev Vygotsky는 우리 자신과 세상 사이에 있는 다양한 매개 형식들에 관해 이야기했다. 나는 당신이 그러한 매개들에 대해 어떻게 느끼는지 궁금했다. 우리는 단어들을 통해 세계를 매개할 수 있다. 우리는 언어를 통해 세계를 매개할 수 있다. 우리는 발화를 통해 세계를 매개할 수 있다.

바스카　물론 우리는 그렇게 한다. 여기서 1970년대나 1980년대에 하레(Harré, 1993) 같은 사람들이 과학철학 분야에서 발전시킨 모델이 중요하다. 왜냐하면 이들이 보기에 세계에 대한 모델구성은 단순하게 세계와 동형 관계에 있는 문장을 제시하는 ― 실증주의자들이 그리고 역설적으로 로티(Rorty, 1990)가 전제하는 경향이 있었던 것과 같은 ― 문제가 아니었다. 하레(Harré, 1993)에게 이것은 상형적 요소도 포함하며 그러므로 그림이 매우 중요했다. 이것은 감각적 모델구성sentential modelling 또는 상형적 모델구성iconic modelling과 더 관련이 있었다. 뉴턴 모델로 돌아가면 이것은 세계를 근본적으로 당구공에 입각해 그렸다. 확신할 수는 없지만 내가 알기로는, 윌리엄 틴들William Tyndall은 세계에 대해 서로 부딪히는 검거나 붉은 당구공에 입각해 상상할 수 있게 하는 과학적 설명이 아니라면 만족할 수 없으며 이것은 굉장히 생산적인 모델로 입증되었다고 말했다고 알고 있다. 그러나 결국 이것으로 아원자 수준의 원소들을 다루기에는 부적절하다고 판명되었다. 나는 『실재론적 과학론』에서 당시 모델은 결국 그 자체로 부정확하다고 주장했다. 왜냐하면 원자라는 관념은 원자가 유사한 종류의 객체들과 상호작용하는 한 내적 구조가 있어야 하며, 구조가 없다면 그것은 원자적인 것일 수 없기 때문이다. 그러므로 세계를 매개하는 데에는 다양한 방식이 있다.

나 이런 다양한 재현 형식들 사이에서 우리는 (많은 사람들이 하고 싶어 하듯) 판단할 수 있는가? 우리는 이것이 저것보다 낫다거나 이것이 저것보다 적합하다고 말할 수 있는가?

바스카 그렇게 할 수는 없다고 생각한다.

나 내가 하고 싶은 이야기는 어떤 사람들은 세계에 대한 비수학적 견해가 수학적 견해보다 우월하다고 주장하고자 한다는 것이다. 왜냐하면 수학적 견해가 환원적이고 그러므로 왜곡적이기 때문이라는 것이다.

바스카 이것에 관해서는 학습과 변화에 대해 다룬 뒤에 다시 이야기하면 좋겠다. 왜냐하면 물리학의 이데올로기라고 불려온 것이 가진 진정한 문제들 가운데 하나가 슬프게도 이것이 본질적으로 환원적이라는 점이기 때문이다. 이것은 압도적으로 세계를 기본적이거나 근본적인 요소들에 입각해서 보는 경향이 있으며, 그러므로 실질적으로 발현이나 새로움을 부인한다. 물리학의 이데올로기는 우주 시작에서의 초기 순간이나 형성을 부인한다. 왜냐하면 그런 순간에는 모든 요소들이 변화했기 때문이다. 그것은 이른바 변화하지 않는 요소가 만들어지는 순간이었다. 창조의 행위는 그 자체로 세계에 관한 발현적이고 새로운 발견들로 존재하기 때문에 당연히 그것은 스스로를 부정하며 또한 성찰적으로 스스로를 유지할 수 없다.

여기서 학습과 변화에 관해 조금은 이야기할 수 있다. 이 장의 세 주제인 지식과 학습과 변화가, 지식에 대한 이해가 비판적 실재론의 세 국면의 전개 과정에서 발전하는 것과 똑같이 학습에서도 세 가지의 진보적인 변형이 있다고 생각한다. 기본적 비판실재론에서는 학습에 관해 대체로 믿음의 발전이라는 관점에서 이야기한다. 그러나 변증법적 비판실재론으로 옮겨가면 행위의 모든 구성 요소가 학습과 관련되어 있다는 것, 그러므로 가치 수준에서의 학습이 있고 더 일반적으로 당연히 필요 수준에서의 학습이 있다는 것이 분명해진다. 이것은 우리가 교육에서 그리고 삶에서 믿음의 발전뿐만 아니라 우리가 명확하게 하는 것처럼 당연히 숙련과 성향의 발전도 고려해야 함을 의미한다. 나는 학습이 행위의 모든 상이한 구성 요소들에 영향을 미친다고 생각한다.

기본적 및 변증법적 비판실재론의 국면에서는 특별히 교육에 관해 언급하지 않았다. 하지만 비판적 실재론의 상당 부분은 의식의 변화에 관한 것이거나 이것에 의존하고 있다. 그리고 교육 및 교육철학에서의 주제들과 쟁점들에 대한 공명이 있다. 그러나 메타실재의 철학에서 나는 접힌 것의 펼침으로 불리는 학습 모델을 개관했다. 그런데 이 모델은 자전거 타기와 같은 숙련, 그리고 아마도 성향을 다루기에 가장 적합하다. 물론 이 모델은 인지 영역에서도 역할을 한다. 학술·지식 연구들의 많은 발전은 세계를 보는 새로운 기술이나 방식에 대한 이해를 포함한다. 우리가 미적분을 학습할 때 상이한 것들을 수행하는 것을 학습하며 이런 학습은 대체로 기술 숙달의 문제다. 그래서 접힌 것의 펼침 모델에 입각하면 기본적으로 학습을 외부의 어떤 것에 대한 학습보다는 우리가 지닌 암묵적 잠재력의 펼침의 학습으로 볼 수 있게 된다. 이것이 진정한 진보적 문제-전환을 만들어낸다고 생각한다. 물론 외부는 여전히 중요하다. 교사는 촉매다. 교사는 펼침의 과정이 일어날 수 있는 조건과 수단을 제공하지만, 강조점은 사람을 처음부터 무한한 잠재력을 부여받은 존재로 보는 것으로 바뀐다. 삶에서 일어나는 일은 우리가 우리 잠재력의 일부를 실현하거나 실현하지 못하는 것이 된다. 다른 것들은 대부분 무시되거나 다루어지지 않는다. 언어 학습은 이것의 훌륭한 사례다. 우리는 어떤 언어라도 학습할 수 있는 잠재력을 가지고 태어난다. 촘스키의 주장이다(Chomsky, 1965).

나 그 주장은 비판받지 않았는가?

바스카 비판받았다. 그렇지만 우리가 외부적인 요소에 주의하지 않는다면 그것은 일면적인 것이 된다. 아무튼 접힌 것의 펼침 모델은 다음처럼 진행된다. 우리가 자전거 타기 같은 숙련이나 프랑스어 같은 외국어를 학습한다고 상상해 보자. 이런 것들의 학습은 다섯 단계의 지도로 나타낼 수 있다.

첫 번째 단계에서는 자전거를 타면서 넘어진다. 우리는 어떻게 자전거를 타거나 프랑스어를 구사하거나 자동차를 운전하는지를 배우고자 하는 의지나 의도를 가지고 있다. 하지만 이것에 대해 어느 정도는 좌절한다.

두 번째 단계에서는 마법 같은 일이 일어난다. 우리는 자전거를 타고 5초에서 10초 동안 나아갈 수 있게 된다. 이것은 인지 영역에서도 상당히 유사하다. 몇몇 다른 철학자들과 함께 비트겐슈타인[Wittgenstein, 2001(1953)]은 우리가 마법을 알 수 없다는 것을 깨달았다. 우리가 마법을 안다면 우리는 그것을 잃을 수도 있다. 그러나 우리가 마법을 안다면 유레카의 순간에 우리는 스스로 그것을 발전시킬 수 있으리라고 어느 정도는 믿는다. 우리가 숙련을 얻을 수 있으리라고 또는 개념적 돌파를 성취할 수 있으리라고 믿는다. 내가 시도하는 우주론과의 비교의 관점에서 일반적으로 첫 번째 국면은 구애의 주기라고, 즉 그것을 수행하려는 의지라고 부를 수 있거나 불려왔다. 두 번째 국면은 전통적으로 창조의 주기로 불리었다. 이것은 돌파의 순간이다.

세 번째 단계가 매우 중요하다. 이것은 형성의 국면이라고 불려왔다. 이제 우리는 자전거를 10초나 20초 동안 타고 있을 수 있게 된다. 하지만 자전거를 타고 다른 곳으로 가려면 방향을 바꾸는 방법을 연습해야 한다. 자동차를 운전하는 중에 후진할 때 우리가 무엇을 하고 있는지를 의식적으로 생각해야 한다.

나 이것이 메타-성찰의 과정인가?

바스카 그렇다. 그러므로 네 번째 단계, 즉 만들기의 단계에서는 놀라운 일이 일어난다. 우리는 실제로 프랑스어로 조금은 말할 수 있게 된다. 자동차나 자전거를 자연발생적으로, 즉 그것에 관해 생각하지 않으면서 우리가 모국어를 말할 때 하는 방식으로 운전할 수 있다. 자동차 등을 운전하기 위해 생각하지 않아도 되며 단지 실행하기만 하면 된다. 예컨대 모국어를 말하는 것은 기본적인 행위다. 우리는 그것에 관해 생각하지 않은 채 할 수 있으며 그것은 단지 발생할 뿐이다. 이것은 우리가 지식이나 숙련을 획득하는 만들기의 국면이다.

다섯 번째는 우리가 그것에 대해 훌륭한 전문가가 되는 단계, 즉 우리의 의도를 완벽하게 반영하는 것을 세계에 생산해 낼 수 있는 단계다. 우리는 프랑스 북부 도시 칼레에서 프랑스 남부까지 완벽하게 운전할 수 있다. 또는 프랑스어로 편지를 쓸 수 있다. 이것은 성찰의 주기다. 이런 다섯 단계들은 특정 지식 영역에 대해 (그리고 일반적으로 숙련이나 성향인 것뿐만 아니라) 우리가 숙달하는 방식을 발전시키는 과정이라고 생각한다. 이것은 우리가 가져야 하는 상당히 좋은 발견적 학습법이라고 생각한다. 물론 교사의 역할을 부인하는 것이 아니다. 촉매의 역할을 부인하는 것이 아니다. 지식은 우리가 발전시키고자 하고 있는 것이다. 지식은 언제나 우리보다 앞서 존재한다. 나는 지식이 주관적인 것이라는 점보다 지식의 중요성을 아주 강력하게 강조하고자 한다.

나 이것들은 보편적인 것들이다. 학습과정의 보편적인 국면들이다. 학습에는 항상 역사적이고 사회적인 맥락이 있다고 주장하는 사회적 상대주의자들을 향해 당신은 무슨 말을 할 것인가? 달리 말하면 14세기 영국에서 살던 사람들은 오늘날의 현대인들과는 상이하게 학습한다는 주장이다. 이들의 주장은 환경과 사람 사이의 관계에 대한 당신의 견해와 부합하는가?

바스카 그렇다. 그 주장은 상당히 적절하다. 지식의 내용을 보면 이들의 주장은 분명히 사실이다. 왜냐하면 우리는 상이한 것들을 알 수 있기 때문이다. 우리는 상이한 숙련들을 발전시킬 수 있다. 여기서 구체적인 보편적인 것이라는 비판적 실재론의 개념은 당연히 그것이 보편적 측면이기 때문에 매우 중요하다고 말할 것이다. 하지만 나는 추상적인 보편적인 것에 대해서는 아주 강력하게 비판하고자 한다. 추상적인 보편적인 것은 모든 시간의 모든 것들에 관해 진술하고자 한다. 사실 나는 모든 사람들에 관한 단일한 추상적인 보편적인 것은 있을 수 없다고 생각한다. 우리는 무언가에 관해 무제한적인 진술을 할 수는 없다. 그것이 무엇이든 그것은 항상 제한들과 함께 나타난다. 모든 여성들에 대한 보편적인 것을 생각해 보자. 모든 개별 여성들은 결혼했을 수도 있고 하지 않았을 수도 있고, 자녀가 있을 수도 있고 없을 수도 있고, 부모가 있을 수도 있고 없을 수도 있고, 교사일 수도 있고 학생일 수도 있고, 노동조합원일 수도 있고 아닐 수도 있고, 정당원일 수도 있고 정치에 관심이 없을 수도 있다. 그리고 온갖 독특한 매개물들이 있다. 정확히 동일한 매개물들을 가진 두 개의 보편적인 것들을 생각해 보면 이것들은 상이한 시간 좌표, 상이한 공간 좌표, 상이한 궤적을 가졌기 때문에 일반적으로 여전히 상이할 것이다. 이것들은 상이한 장소에서 왔거나 상이한 시간에 태어났다. 그래서 이것이 분화의 세 번째 요소다. 동일한 일련의 매개물들과 동일한 공간-시간 궤적을 가진 동일한 보편적인 것들에 대해 생각해 보더라도 이것들은 여전히 환원할 수 없는 독특함에 의해 상이할 것이다. 이것이 구체적 단일성이다. 존재하는 모든 것은 이러한 네 측면을 가지고 있다. 물론 이러한 지리적-역사적 측면이 있는 반면에 학습과정에는 개별적 측면들도 있을 것이다. 나는 그것에 크게 공감한다. 그것은 매우 중요하다.

나는 변화에 관해서 조금 말하려고 했다. 세 가지 전체적인 주제, 즉 지식, 학습, 변화가 교육 이론의 필수 요소라고 생각한다. 기본적 비판실재론의 장점은 변화의 가능성을 자리 매긴다는 것이다. 타동적 차원과 자동적 차원을 명확하게 구분함으로써 우리는 (상대적으로) 변화하지 않는 세계에 대한 (상대적으로) 변화하는 지식의 가능성을 포착할 수 있다. 비판적 실재론, 즉 초월적 실재론과 비판적 자연주의의 기초적인 동기들 가운데 하나는 세계를, 구조화되지 않고 분화되지 않고 변화하지 않는 세계가 아니라 변화가 가능한 곳으로 위치시키는 것이었다.

이제 기본적 비판실재론은 세계가 구조화되고 분화되었다는 것을 입증했다. 우리가 사회세계에 관해 이야기할 때 핵심 모델인 변형적 사회활동 모델은 사회가 본질적으로 변형 과정에 있다고 주장한다. 그렇지만 이 모델은 변화에 대한 분석은 포함하지 않았다. 변증법적 비판실재론이 이 분석을 수행했다. 그래서 변증법적 비판실재론에서 나는 변화에 대한 분석을 제공했다. 그것은 (변화를 합리화된 부분들에 입각해서, 즉 차이에 입각해서 설명할 수 있다고 주장하는) 플라톤 이론에 대한 비판이었다. 그것은 존재론적으로 읽으면 세상에는 변화가 없다는 것이었다. 일어난 것은 그것이 변화처럼 보인다는 것이었고, 일어나고 있던 것은 변화하지 않는 요소들의 재배치였다. 나는 '없음'의 개념에 초점을 맞추어야 한다고 주장했다. 왜냐하면 없음에 대한 일상적 이해에 입각해서 보면 변화는 없음을 포함하기 때문이다. 어떤 것이 변화했다고 말할 때는 있었던 어떤 것이 없어졌거나 새로운 어떤 것이 존재하게 되었음을 의미한다. 그래서 이전에 있었던 어떤 것이 없어졌거나 없었던 어떤 것이 지금 나타났다는 것이다. 없음은 변화에 대한 이해에 결정적이다. 그래서 나는 없음이 있음에 본질적이며 변화에 대해 본질적이라고 주장한다. 그리고 없음은 인간 행위에서의 의도에도 본질적이다. 의도적으로 뭔가를 수행했을 때 우리는 없음을 없애기 위해 이것을 수행한 것이다. 나는 이것이 대단히 중요하다고 생각한다. 우리가 교육에 관해 이야기할 때 우리의 정향은 더 나은 사회를 만드는 쪽으로 크게 향하고 있다. 더 나은 사회를 위해서는 변화가 있어야 한다. 그러므로 세계를 변화시키고자 하는 일관성 있는 시도를 위해서는 변화를 가능하게 하는 존재론을 가지는 것이 매우 중요하다. 그리고 변화에 관해 말하고 있는 것 가운데 하나는 새로운 어떤 것의 발현에 대한 이해가 필요하다는 것이다.

변화에 관해, 특히 변증법에 관해 더 많은 이야기를 나눌 시간이 있기를 바란다. 하지만 우리는 발현에 관해 생각하는 데에도 시간을 할애해야 한다. 변증법이라는 관념에 많은 사람이 관심을 가지는 이유는 무엇인가. 마르크스가 변증법을 헤겔 변증법의 심장에 있는 합리적 핵심이며 모든 과학의 비밀로 본 이유는 무엇인가. 물론 이 이유는 설명하기 매우 어려운 것으로 증명되었다. 마르크스[Marx, 2003(1738)]는 시도했지만 실패했다. 내가 『변증법』을 쓰고 있을 무렵에는 변증법이 왜 그렇게 중요한 개념인지를 누구도 충분히 명확하게 설명하지 못했다. 인식론적 변증법의 본질과 관련해 내가 말하고자 하는 것은 이것이 기존 상황 속에서의 불완전성의 과정이며 이것이 정정되었다는 것이다.

불완전성이 수행한 것은 문제를 야기하고 불일치들과 모순들을 발생시키는 것이었다. 그래서 우리는 가령 과학의 발전에 대한 쿤Kuhn의 모델을 만들 수 있었다. 쿤(Kuhn, 1962)은 과학에서는 기본적으로 과학 이론들을 시험하는 정상과학의 상황에서, 모순들이 해결되지 않는 것으로 드러나는 혁명적 지시의 과정으로, 혁명이 성취되는 순간으로, 변혁의 과정으로, 개념적 장을 재조직하는 새로운 개념을 도입하는 과정으로 이동한다고 주장했다. 변증법적 비판실재론의 존재론의 관점에서는 이것을 모두 쉽게 이해할 수 있다. 시작 시점 T0로 돌아가서 이론은 무엇인가를 빠뜨린다. 그리고 이것은 모든 서술에 핵심적이다. 이론가들은 항상 인과적으로 관련 있는 모든 것을 포함하고자 한다. 그러나 이론가들이 그렇게 하지 못했다고 가정해 보자. 그러면 이론은 불완전하며, 이론의 불완전성은 조만간 불일치들과 모순들을 발생시킨다. 빠뜨린 것들이 우리에게 문제를 일으키기 시작한다. 이러한 모순들과 불일치들은 신호 장치라고 할 수 있으며 우리는 우리의 개념적 장을 확장해야 한다. 우리는 발견으로 이것을 수행한다.

나 　이것을 매우 조악하게 표현한다면 (여기서 나는 교육 분야에서 매우 중요해지고 있는 복잡성 이론에 대해 생각하는데) 세계가 매우 복잡하고 항상 존재하는 변화 과정이 있다는, 즉 변화는 언제 어디에나 있다는 견해가 있다. 이것은 우리 이론들이 항상 시대에 뒤떨어져 있다는 것, 우리의 이론들이 서술하고자 시도하고 있는 것의 풍부함이나 완전함을 결코 포착할 수 없음을 의미한다.

바스카 　그렇다. 잠재적으로 그 견해가 옳다고 생각한다. 그 견해를 사회세계에 적용하고 사회적 실재에 관해 생각한다면 동일한 종류의 과정이 진행되고 있음을 알 수 있다는 이야기다.

여성에 대한 정치적 배제와 선거권 불인정에 반대하는 20세기 초반의 여성참정권 운동 사례를 보자. 그런 없음은 온갖 종류의 문제들과 어려움들을 발생시켰다. 제1차 세계대전 뒤에 여성들은 투표권을 얻었다. 그래서 우리는 처음의 불완전성의 상황, 즉 모순과 불일치 상황과 그다음의 조금 더 결론적인 총체성을 가진다. 그러나 이런 총체성은 그 자체로 불완전했다. 왜냐하면 식민지 주민들은 선거권 논의에 당연히 포함되지 않았기 때문이다. 여전히 제국주의 강대국들이 점령한 지역들의 시민들은 투표권이 없었으며 그곳에서는 조만간 탈식민화 과정이 진행되었다. 그러므로 우리는 역사를 이런 방식으로 해석할 수 있다. 물론 우리가 불완전성을 가지고 있어도, 또는 우리가 무엇인가를 배제하고 있어도, 또는 일련의 불일치들이 있다고 해도 그것이 우리가 그것을 긍정적으로 해결하리라고 보장하지는 않는다. 그 대신에 이러한 모순들이 확산되고 엔트로피entrophy가 증가하는 경우 우리는 더 포괄적인 총체성을 가지지 못할 수 있다. 이것은 우리가 기후변화에 대처하지 못하고 있음을, 또는 오늘날 세계의 다른 여러 문제들에 대처하지 못하고 있음을 묘사하는 한 가지 방식이다. 그래서 진보적인 변증법적 해결책이 유일하게 가능한 한 가지 대답이다.

나   이것이 어디로 나아갔는지 궁금하다. 그 결과는 무엇인가? 예컨대 헤겔에 대한 해석은 사유 속에서의 그리고 현실 속에서의 특정 형태의 완전성을 향하고 있다는, 즉 총체화의 시나리오라는 것이다.

바스카   변증법 과정에 대해 헤겔[Hegel, 1975(1855)]은 그의 시대의 종결에 도달하는 것으로, 그리고 매우 훌륭한 종류의 통일과 조화를 만들어내는 것으로 이해했음이 분명하다. 나는 이것이 정확하지 않다고 생각한다. 그런데 우리가 마르크스의 사례를, 그리고 마르크스가 발전시킨 세상을 바라보는 변증법적 방식을 생각해 보면 거기에도 이것의 잔재가 있다. 마르크스는 세 가지를 들어 헤겔을 비판했다(이것은 마르크스에 대한 비판적 실재론의 해석이다).

첫째는 (인식적 오류라고 부를 수 있는) 동일성의 원리 및 이것과 결합된 현실주의actualism에 대한 비판이었다. 마르크스는 굉장히 많은 현실주의적 요소들을 보여주고 있다.

마르크스가 헤겔을 비판한 두 번째 이유는 그가 논리적 신비주의logical mysticism라고 부른 것 때문이었다. 이것은 개념성, 언어 등의 관념적인 것에 대한 강조였다. 하지만 우리는 마르크스와 마르크스주의자들이 개념적인 것과 의식(결국 계급의식은 막대하게 중요하다)에 충분히 주의를 기울이지 않았다고, 그리고 물질적 요인들과의 관계에서 재앙적으로 의식의 역할을 체계적으로 무시했다고 주장할 수 있다. 그래서 이것은 상이한 종류의 오류였다. 이것이 헤겔이 수행한 것과 똑같은 일을 하지는 않았지만, 이 경우 정반대의 것을 똑같이 극단적이고 환원주의적인 방식으로 수행했다.

마르크스가 헤겔을 비판한 세 번째 이유는 헤겔의 승리주의triumphalism 때문이었다. 그러나 존재의 상태에 관해 마르크스가 승리주의적 입장을 가지고 있음을 보여주는 구절들이 많이 있다. 예컨대 소비에트 공산주의는 승리주의적인 것이었다. 나는 사회를 단일 차원에 입각해 해석할 수 없다고 생각한다. 우리는 분화된 요소들의 체계적으로 연결된 총체성을 다루고 있다. 계급과 마르크스주의자들이 전면에 내세우기 좋아하는 것들은 이런 요소들의 하나일 뿐이다.

4평면 사회적 존재 개념은 모든 것을 자연환경의 맥락 속에 위치시키는 데 도움을 주기 때문에 여기서 도움이 된다. 기억하겠지만 사회적 존재의 4평면 가운데 첫 번째인 자연과의 물질적 교류와 관련해서 우리가 일단 이 개념을 포착하게 되면 생태학이 중요하다는 것을 알게 된다. 우리가 오늘날의 위기에 관해 생각하고자 한다면 기후변화와 생태학적 문제를 언급해야 한다. 예컨대 에볼라Ebola 바이러스에 관해 말할 때조차 우리는 자연과의 물질적 교류에 관해 이야기하고 있다. 다음으로 사람들 사이의 사회적 상호작용, 사회구조, 체현된 인성의 층위가 있다. 그런데 이것에서 찾아낼 수 있는 하나는 급진적 사회 변화는 네 수준들 모두에서의, 그리고 4평면 모두에서의 행위를 포함함을 쉽게 알 수 있다는 것이다. 하지만 대부분의 시도는, 그리고 소비에트 공산주의의 시도는 분명히 한 수준(이 경우 사회구조의 수준)에서만 사회를 변형하려는 것이었다. 사람들이 변화하지 않으면서 사회를 변혁할 수는 없다. 마르크스[Marx, 2003(1738)]가 포이어바흐의 세 번째 명제, 즉 교육자들은 누가 교육할 것인가에서 설명했듯이 사람들이 변화해야 한다. 혁명가는 누가 변혁할 것인가? 이것은 근본적으로 (변화된) 다른 사람들, 사람들 사이의 근본적으로 다른 관계들, 자연과 사람의 근본적으로 다른 관계가 필요하다는 것을 의미한다. 우리는 이것을 고통스럽게 학습하고 있다. 우리는 이런 네 수준들이나 평면들 모두에서 위기의 세계에 살고 있다. 그리고 메타실재 개념은 이런 위기들에 관해 이야기할 흥미로운 것을 가지고 있으며, 이것들을 개념화하고 해결하는 가능한 방식을 보여준다고 생각한다.

나 이 주제에 관해 메타실재는 우리를 어디로 안내하는가?

바스카 메타실재로 이동하고 나서 맨 먼저 해야 할 일 가운데 하나가 성장과 발전의 구분이다. 우리는 부의, 자원의, 소득과 기회의 급진적 재분배를 포함하는 심층적 성장을 해야 한다고 주장할 수 있다. 이것은 부유한 사람들로부터 가난한 사람들로의 분배를 의미한다. 이것이 지구상에서의 삶을 유지할 수 있는 유일한 길이다. 성장과 발전 사이의 구별은 매우 중요하다. 왜냐하면 성장 없는degrowth 발전도 가능하기 때문이다. 메타실재가 제시하는 또 다른 것, 또 다른 관점은 많은 발전이 나눔shedding에 의해, 사물들을 줄임에 의해 진행된다는 것이다. 이것은 해방적 사상에서 오랜 전통을 가지고 있다.

마르크스[Marx, 2003(1738)]와 루소[Rousseau, 1979(1762)]는 몇몇 수준에서 인간은 모두 훌륭하다는 생각을 보이고 있다. 마르크스에 따르면 인간은 노동하며, 노동은 인간에게 매우 중요하고, 노동하면서 인간은 자신의 존재를 개선한다. 그렇지만 당연히 마르크스의 모델에서 생산력은 계급구조의 제약을 받으며, 이러한 생산력의 제약에서 해방되려면 계급구조를 변혁해야 한다. 즉, 계급들을 없애야 한다. 그러므로 이것은 발현제거dis-emergence, 즉 나눔을 포함한다. 이것은 우리가 삶에서 일반적으로 수행해야 하는 중요한 것이라고 할 수 있다. 우리는 살아가면서 언젠가는 흡연을 시작할 수도 있지만 그런 다음에 삶의 여건을 개선하기 위해서는 금연을 해야 한다.

그래서 메타실재에서 인간의 모델은 한 수준(내가 기본 상태 ground state라고 부르는 것에 있는 수준)에서 우리는 절대적으로 좋다는 것을 제시한다. 우리의 기본 상태, 즉 우리의 체현된 인성들에 더하여, 어려움은 우리가 우리 자신을 다른 사람들과 분리되고 상이한 존재로 이해하기를 원하는 자아(이 자아는 탐욕, 자기중심성 등과 함께 온다)를 보유한다는 점, 우리가 당연히 우리의 체현된 인성 속에 기본 상태와 정반대되는 많은 특징적인 특성들을 보유한다는 점이다. 육체적 수준에서 우리는 이러저러한 종류의 탐닉들을 지니고 있다. 감정적 수준에서는 질투와 증오를 지니고 있다. 정신적 수준에서는 이러저러한 형태의 편견들을 지니고 있다. 이 모든 경우와 관련되어 있는 것은 이것들의 나눔이나 줄임, 즉 발현제거다. 그런데 우리는 이러한 관점을 잃어버린 것처럼 보인다. 그리고 나는 이것이 보유해야 할 중요한 관점이라고 생각한다. 이것이 메타실재가 전면에 내세우는 것이다.

나 　이것은 인간 존재의 위기다. 어떤 사람들은 이것을 행위주체의 위기crisis of agency라고 부르고 싶어 한다. 나는 당신이 인간을 행위주체로 이렇게 이항하는 것에 그리고 행위주체 개념의 해석에 만족하는지 묻고 싶다. 또한 행위주체의 위기라면 행위자들이 세계와 상호작용하는 방식의 위기도 있지 않은가?

바스카 행위주체의 개념은 막대하게 중요하다. 우리가 기본적 비판실재론으로 돌아가 과학철학, 비판적 자연주의, 그리고 여기서 전면에 내세우게 되는 것에 관해 이야기한다고 하자. 처음에 구조와 행위주체의 개념이 있듯 행위주체의 개념이 있으며, 둘 모두를 필수적인 것으로 간주하고 또한 둘 모두를 환원 불가능한 것으로 간주하는 점에서 그것은 대부분의 견해들과 다르다. 달리 말하면 우리는 행위주체를 구조에 입각하거나 또는 그것의 반대로 설명할 수 없다. 변형적 사회활동 모델의 핵심은 어떤 시점에서나 행위주체는 항상 구조 개념의 존재를 전제로 한다는 것을 파악하는 것이다. 그러므로 여기에는 구조가 있어야 한다. 이것은 초월적으로 필요하며 행위주체에 선행한다.

그렇다면 행위주체의 역할은 무엇인가? 구조의 관점에서 볼 때 행위주체가 수행하는 일은 구조를 재생산하거나 변형하는 것이다. 행위주체가 없다면 이런 일은 일어나지 않는다.

구조는 재생산되거나 변형되지 않을 것이다. 구조는 라틴어 같은 언어처럼 소멸할 것이며, 여기서 구조가 수행하는 것은 아무것도 없다. 그럼에도 행위주체 자체를 살펴본다면 이것은 가장 놀라운 것이다. 행위주체는 의도적 인과성의 과정에 의존하며 전형적으로 행위는 우리가 이러저러한 이유로 무엇인가를 수행하고자 할 때 일어난다. 우리가 층화의 첫 번째 계기의 사회적 삶을 이해하고자 할 때 수행하는 것은 행위를 이유에 입각해 알아보는 것이다. 층화의 두 번째 계기는 구조들과 구조적 변화가 어떻게 행위자들에게 이런 일을 수행하는 이유를 제공하는지를 알아보는 것이다. 이것이 전형적인 행위의 계기의 층화다.

그런데 기본적 비판실재론의 관점에서 행위의 계기의 층화는 절대적으로 훌륭하다. 비판적 변증법적 추론의 관점에서 우리는 부정성의 역할을 개념적으로 이해할 필요가 있다. 구조의 변형에 관해 실질적인 변화라는 관점에서 이야기할 수 있어야 하며, 이 개념은 구조들에서의 모순이라는 관념을 포함한다. 그러므로 우리는 지속 가능한 지구를 향한 요구와 현재의 화석 연료 사용 사이에 모순이 있다고 말하고자 할 것이다. 이것은 기존의 1가monovalent 철학으로는 다룰 수 없는 강력한 모순이다. 그렇다면 왜 메타실재가 필요한가? 우리는 갈등 상황에 처하게 될 것이며, 메타실재는 갈등 해결의 모델을 제공한다. 그래서 우리는 사회세계의 단순한 층화 모델에서 시작한다. 우리는 인간 행위를 특징적으로 이유로 인해 수행하는 인간 행위인 것으로 보기 때문에, 그리고 이유를 (어떤 것은 기회를, 어떤 것은 제약을 만들어내는) 여러 종류의 구조들과의 관계에서 형성되는 것으로 보기 때문에 우리는 구조들이 모순 속에 있는 것으로 보아야 하며 실재의 변동을 이해해야 한다. 사람들은 갈등하는 상황 속에 있으며 실재의 대안들은 갈등하는 상태 속에 있다. 그래서 이것을 다루는 두 가지 방식, 즉 변증법적 방식과 메타실재의 방식이 있다. 그러나 기본적 비판실재론의 수준에서도 행위를 완전히 이해할 수 있다.

나　자아의 변형이나 행위주체의 변형에 관해서는 어떤 이야기를 할 것인가? 나는 찰스 테일러Charles Taylor 같은 사람을 염두에 두고 있는데, 물론 그는 여러 시기에 걸쳐 자아의 구조들을 추적한다. 행위주체의 변형에 관해 당신은 무엇을 생각하는지 궁금하다. 특히 이 변형은 당신 철학의 다른 부분과 어떻게 조화를 이루는가?

바스카　그것들은 완전히 일치할 것이다. 메타실재의 수준에서의 자아 모델로 들어감으로써 이것을 설명할 수 있다. 기본 모델은 삼중의 자아 관념이 있다는 것이다.

이 중 첫 번째는 자아로서의 자아 감각으로, 다른 사람과 분리되고 상이한 것으로서 자아 감각을 의미한다. 이것은 어떤 의미에서는 환상이지만 우리 문명의 중심에 있는 관념이다. 이것은 자본주의의 핵심이다. 근대성 자체가 그 가정을 체현하고 있다.

두 번째로 우리는 체현된 인성으로서의 우리 자신이라는 개념을 지니고 있다. 나는 이것이 정확하다고 생각한다. 우리는 체현된 인성들이다. 이 관념이 가진 문제는 이 관념이 휘발성이 매우 큰 개념이며 상황에 따라 변화한다는 것, 그러므로 우리가 나이가 들어가면서 변화한다는 것이다.

그리고 우리가 가진 세 번째 자아 감각이 있다. 이것에 접근하는 데에는 상이한 방법들이 있다. 첫째, 좋은 날의 우리 자신에 대한 관념이 있는데, 어떤 사람들은 이것을 우리의 고등 자아higher self와 동일시할 수도 있다. 이것은 모든 것이 순조롭게 진행될 때의 우리 자신, 또는 가장 자비롭거나 가장 친절하거나 가장 관대한 때의 우리 자신이다. 그다음으로 이것에 대한 더욱더 철학적인 접근이 있다. 이것은 초월적으로 실재적인 자아가 존재해야 한다고 파악한다. 흄 [Hume, 2000(1738)]이나 니체[Nietzsche, 1966(1886)]가 우리에게 그들이 어디서나 자아를 찾지만 발견할 수 없다고 말할 때 (그렇다면 나는 그들에게 절대적으로 괜찮다고 말하겠지만) 그것을 말하고 있는 사람은 초월적으로 실재하는 자아다. 그래서 우리는 기본 상태를 가진, 자아를 가진 체현된 인성으로서의 자아를 굳게 붙잡기 시작한다. 자아는 항상 구체적으로 개별화된다singularised. 그래서 우리는 지리와 역사, 사회학과 문화에 의해 거대하게 형성된다. 이것은 상대적일 것이다.

순수한 추상적인 보편적인 것들은 없다. 그것은 구체적인 보편적인 것이다. 그러나 모든 사회의 사람들이 가질 수 있는 열망은 있을 수 있다. 왜냐하면 이러한 전망의 관점에서 우리가 실제로 말할 수 있는 유일한 것은 우리의 기본 상태와 일관성을 갖는 통일이라는 입장이라고 주장할 수 있기 때문이다. 왜냐하면 우리의 기본 상태, 또는 우리의 체현된 인성이 우리의 기본 상태나 우리의 초월적으로 실재적인 자아와 상충하는 특징들을 포함한다면 우리의 의도는 갈등할 것이기 때문이다. 그러므로 우리가 우리의 목표들(인간으로서 실제로 성취할 수 있는 유일한 목표들)을 실제로 성취할 수 있는 유일한 상태는 우리의 기본 상태 또는 우리의 초월적으로 실재적인 자아, 즉 고등 자아와 통일되거나 일치하는 것이다. 당연히 이것은 대부분의 사람에게 저주anathema일 것이다. 우리 자아의 비일관적인 부분이나 나쁜 부분을 우리가 삶에서 실제로 즐기는 것이라고 간주하겠지만, 이것은 예컨대 부처의 열망이었던 정진이나 자기완성의 변증법을 제시한다. 모델이 적절하다면 우리가 언제나 해야 하는 것은 우리 자아들의 상실할 수 없는 단편들과 통일되도록 시도하는 것이라고 주장할 수 있다. 우리가 상실할 수 없는 우리 자아의, 우리의 초월적으로 실재하는 자아의 단편을 4평면 사회적 존재의 맥락 속에서 이해해야 한다고 주장할 수 있다. 그러므로 자아-일관성의 상태에 있는 사람은 사회적 존재의 다른 모든 평면들에서도 일관되게 행위한다. 이들은 사회구조에 입각해 행위하며, 더 평등주의적인 사회나 더 정의로운 사회를 만들어낸다. 그래서 우리는 우리가 종들에 대해 보편적인 열망을 가졌다고 상상할 수 있다.

나 그렇다면 탈인간적 학습이론들post-human theories of learning과 당신은 아무런 관련이 없다. 물론 탈인간적 학습이론들은 기본적으로 물질성에 대한 이론들이며 인간적 요소들과 무인간적 요소들에게 동등한 지위를 부여한다.

바스카 나는 행위자 연결망 이론들에 입각한 그것의 한 가지 변종을 잘 알고 있다.

나   그것들은 이런 학습이론들을 넘어선다.

바스카 이 사람들의 이야기에는 재미있는 것들이 많다. 이들은 우리가 보기에 세계의 상이한 부분들인 것들 사이의 상호작용, 예컨대 과학에서 사회적·자연적 상호작용의 실재를 지적한다. 그러나 이 이론들에는 많은 문제가 있다.

나   당신은 이것들 중의 일부를 이미 언급했다.

바스카 이 이론의 문제들은 아주 명백한 자동적 차원을 결여하고 있는 점이다. 가장 중요한 것은 구성 요소들 사이의 분화의 없음이다. 그리고 이런 구성 요소들의 붕괴, 인간 존재의 인간 행위로의 붕괴, 물질세계의 상이한 측면들의 사건들 수준으로의 붕괴다. 여기에는 일종의 현실주의가 있는데 반본질주의적anti-essentialist이라는 이상으로 포장된다. 그러나 반본질주의가 세계의 상이한 부분들 사이에 아무런 중요한 차이도 없다는 것을 뜻한다면 그것은 분명히 잘못되었다고 생각한다. 나는 인간과 다른 동물들 사이에는 분명히 차이들이 있고, 동물들과 무기물들 사이에도 차이가 있다고 본다. 따라서 우리는 물질세계의 상이한 구성 요소들에 대해 층화된 것으로 이해해야 한다. 각각의 경우에 비판적 실재론자는 행동을 생성하는 가장 중요한 기제들을 찾아내고자 할 것이다. 이러한 기제들은 근본적으로 상이할 것이며, 나는 모든 것을 보편적 상호작용으로 붕괴시키는 것은 아무 런 도움도 되지 않는다고 생각한다.

나　　이 점에 관해서는 나도 동의한다.

바스카　복잡성 이론들이 지닌 문제는 문화-역사적 활동 이론들의 문제와 조금 비슷하다. 어떤 문제인가 하면, 복잡성 이론의 경우 훨씬 더 칸트적인 정식이 있다는 점[Kant, 2007(1781)] 이다. 문화-역사적 활동 이론의 경우 헤겔[Hegel, 1975(1855)] 과 마르크스[Marx, 2003(1738)]가 하지 않은 작업의 잔재에 가깝다. 이들은 경험적 사실주의를 비판하지 않았다. 즉, 칸 트에게서 물려받은 경험적 실재론을 비판하지 않았다. 신 칸트주의적 입장에서의 문제는 헤겔이나 마르크스를 거치 지 않고 칸트를 직접 계승한 형태로 나타난다. 따라서 비판 적 실재론적이지 않은 많은 사회 이론은 경험적 실재론이 라는 과거 유산의 맥락 속에서 형성되었다. 현재에도 매우 많은 이론이 때로 그러하다.

하버마스의 이론(Habermas, 1981a, 1981b)을 보면 신칸트적 인식론이 들어 있음을 알 수 있다. 이것은 존재론을 거부하 고 있다. 자연세계에 대해, 따라서 자연과학에 대해 실증주 의가 서술하는 것과 똑같이 상정하고 있다. 결과적으로 자 연세계와 인간세계 사이의 상호작용은 있을 수 없으며, 생활세계와 체계의 대립에 관해 하버마스가 이야기하는 많은 아름다운 것들은 상당히 무능력하다. 생활세계는 체계를 변형할 수 없다. 우리 상황은 체계의 그 이상의 침략에 대항해 생활세계를 방어하는 것으로 축소된다. 이것은 완전히 불만족스러운 것이다.

나는 이것을 4평면 사회적 존재 모델에 연결해 설명할 수 있다. 우리는 자연과 물질적 교류를 한다. 이 말이 우리가 자연의 모든 것에 영향을 미치거나 작용을 가할 수 있다는 이야기는 아니다. 이것에 대한 보다 충실한 이해가 자연 속에서 4평면 사회적 존재를 볼 수 있게 할 것이다. 우리가 우리 자신과 문명을 파괴한다고 하더라도 자연에는 자연법칙이 있고 물리적 법칙이 있고 화학적 법칙이 있을 것이다. 우리가 자연과 싸워 항상 이길 수 있는 길은 없다. 우리가 자연의 근본적인 한 부분이라는 점을 이해할 때 우리가 기후와 관련해 해오고 있는 일이 실질적으로는 자멸적인 일이라는 점을 깨닫게 되리라고 생각한다. 메타실재를 포함한 비판적 실재론은 무無인간중심성non-anthropocity에 기초하며 오늘날 우리에게 매우 중요한 관점이다. 비판적 실재론은 처음부터 (인식적 오류, 언어적 오류를 지적하며) 무인간중심성의 입장을 취했다. 이것은 우리가 자연에 종속된 인간일 수밖에 없음을 의미한다.

나 그러나 이것은 또한 바로 이 수준에서 행위주체와 구조 사이의 (윤리적 의미에서가 아니라 분석적 의미에서) 분리가 있다는 것을 의미한다.

바스카 그렇다. 인간은 자연에 대한 자신의 생각을 잊어야 하고 자연에게 지배받지 않아야 한다고 말하고자 하는 사람도 있다. 나는 이 말이 절대적으로 불합리하다고 생각한다. 이것이 우리의 출발점이다. 우리의 출발점은 우리가 자연적 존재라는 것을, 태양에 의존해서 살아간다는 것을 기억하는 것이다. 하지만 서구 사상의 대부분의 암묵적인 경향은 반자연주의적 관점이었다. 사회는 자연에서 생겨나고 우리가 자연에서 우리 자신을 분리하면 할수록 더 많은 문제가 생겨난다.

우리의 대담은 여기까지였다. 바스카는 다음 대담을 약속한 전날에 별세했다.

제4장

—

다학문성과 적층적 체계

바스카가 별세하기 2년 전에 우리는 경험적 연구 계획서를 준비하기 위해 만났다. 그 계획서는 연구비를 신청하기 위해서 준비한 것이었다. 당시 우리는 대담을 나누고 기록했다. 바스카와의 대담은 비판적 실재론 및 실제 생활에서 비판적 실재론의 응용과 관련한 여러 주요한 쟁점을 다루었다. 특히 현장에서 경험적 연구를 수행할 수 있는 가능성에 초점을 맞추었다. 이 장에 실린 글은 우리가 선택한 개념적 틀에 대한 설명이며 교육 이론의 발전에 중심적인 쟁점들에 초점을 맞추고 있다. 다학문성interdisciplinarity, 적층적 체계laminated systems, 반환원주의anti-reductionism, 우리가 앎과 존재함 사이를 연결할 수 있게 하는 다리를 제공할 가능성이 그것이다. 우리가 준비한 계획서는 연구비를 받지 못했다.

　　　　　　　　　　　　* * *

　　다학문분과적 연구에 관한 기존 문헌은 압도적으로 인식론적으로 왜곡되어 있다. 전형적으로 이 문헌들에는 세계에 있는 무엇이 그리고 세계에 관한 무엇이 다학문성을 필요하고 가능하게 하는지에 관한 논의가 빠져 있다. 이 연구에서 우리가 고른 접근법의 혁신은 바스카와 다네르마르크(Bhaskar and Danermark, 2006)가 발전시킨 다학문성 이론을 따른 것이다. 이 이론은 인식론적 고려와 함께 존재론적 고려에 명시적으로 초점을 맞추었다. 다학문성에 관한 지금까지 이용 가능했던 것보다 훨씬 더 포괄적이고 종합적인 해명에 기초해 이 연구는 다학문분과적 연구진이 자리하고 있는 맥락의 인식론적 특징과 함께 존재론적 특징에서 기인하는 다학문성에 대한 장애물들이나 억제물들을 밝히고 판별할 수 있다. 따라서 우리는 다학문분과적 연구에 대한 기존 논의들에서 지금까지 판별하지 못했거나 잘못 서술했던 장애물들이나 억제물들의 위치들을 판별할 수 있다. 그리고 다학문분과적 연구 기획의 참여자들 자신도 인지하지 못하고 지내온 또는 기껏해야 '어려움들'이나 '긴장들'로 경험했던 장애물들이나 억제물들을 찾아낼 수 있다. 따라서 이 연구 기획을 뒷받침하는 사례의 첫 번째 부분은 다학문분과적 연구와 이 연구의 성공을 위한 조건에 대한, 과거에 이용 가능했던 것보다 종합적인 설명을 포함한다.

또한 거의 모든 응용 연구, 즉 극소수의 실험적으로 폐쇄된 맥락 밖의 연구는 이런저런 유형의 다학문성을 필요로 한다는 분석에서 출발한다. 이것의 형식적 조건은 복잡성과 발현성 모두에 달려 있다. 발현은 인간 삶의 보편적 특징이기 때문에 인간과 관련 있는 응용 연구나 인간의 영향을 받는 세계의 모든 부분에 관한 응용 연구는 모두 필연적으로 다학문분과적이다. 따라서 다학문성은 선택 가능한 여분이나 보충이 아니라 처음부터 응용 연구의 필요조건으로 이해해야 한다. 이 기획을 뒷받침하기 위한 두 번째 부분은 이 연구가 특별한 종류의 응용 연구(또는 소수의 특수 영역들에 한정되거나 특수한 방식으로 수행하는 응용 연구)를 위한 조건뿐만 아니라 응용 연구 자체를 위한 조건을 분석하고 주제화한다는 것이다.

더하여 다학문분과적 연구를 위한 조건은 일반적으로 전문가들 사이의 협력을 위한 조건이 될(또는 조건과 중첩될) 것이다. 그리고 자연 및 다른 사람과 우리의 일상적인 물질적 교류를 포함하는 매우 다양한 다른 사회적 실천들은, 그리고 일상적 삶에서 우리의 설명 활동들, 즉 세계를 설명하고 영향을 미치고 변화시키려는 우리의 시도들은 이런 조건을 전제할 것이다. 따라서 다학문분과적 연구의 성공을 위한 조건을 명확히 밝히는 것은 실천적 합리성(에 관해 명확히 밝히는 것)을 위한 전제 조건이다. 여기서 제안하는 광범위한 분석은 광범위한 다른 (연구 이외의 활동을 포함하는) 활동들에서의 성공을 위한 조건에 대해서도 조명을 비출 수 있다. 그리고 역사에서의 설명이라는 문제 영역부터 과학에서의 발견이라는 문제 영역을 거쳐 도덕이나 문화에서의 명백한 통약불가능성incommensurability의 문제 영역에 이르기까지 일련의 명백하게 다양한 문제 영역들을 통합할 수 있다.

그렇지만 많은 사람이 다학문 연구의 잠재적 유익함을 떠벌리면서도 ① (예컨대 적층적 체계 개념 같은) 개념적 도구 또는 ② (예컨대 급진 해석학적 접근의 실행 같은) 방법론적 절차 또는 ③ 다학문 연구가 가능하고 효과적인 것으로 만들기 위해 필요한 실질적인 숙련들에 대해, 또는 (적절한 학문분과적 연구와 함께 진행하는) 적절한 다학문분과적 연구 실천을 요구하는 교육 조건이나 연구 조건에 대해 거의 주의를 기울이지 않았다. 더욱이 학문 분과를 가로지르는 파악과 효과적인 인식론적 통합의 실천이 사회적 '타자'에 대한 이해 및 타자와의 동의에 도달이라는 일반적 문제들을 반영하는 한 여기서 수행하는 연구가 일반적인 갈등 해결의 문제에 기여하리라고 기대한다.

이론적 배경

다학문성에 대한 일반 이론은 두 가지 이유 때문에 독특하다. 첫째, 이 이론은 인식론적 고려 사항(그리고 다학문성의 근거)과 아울러 존재론적 문제에 초점을 맞춘다. 이것은 비판적 실재론이 존재론적 관심을 인식론적 관심으로 환원하는 **인식적 오류**를 비판하고 존재론을 옹호하기에 가능하다(Bhaskar, 2008). 둘째, 이 이론은 세계를 분화되고 층화된 것으로 보는 비흄적non-Humean이고 비환원주의적인 관점을 전면에 내세운다. 이 관점은 **현실주의**에 대한 비판이나 자연법칙을 (이것의 사례나 경험적 근거인) 경험적 규칙성으로 환원하는 것에 대한 비판을 포함한다. 이 관점에 따르면 드러난 현상들에서 기저의 발생기제들과 구조들로 나아가는 운동이 과학적 발견의 핵심에 자리하고 있으며, 이 운동은 과학에서의 **학문분과성**disciplinarity에 대한 근거를 제공한다. 학문분과성에서 다학문성으로의 논증과 **다학문성**의 옹호는 일련의 일방향 톱니바퀴ratchets나 단계들을 포함한다.

다학문성을 뒷받침하는 존재론적 사례는 소수의 실험적인 (그리고 이보다 훨씬 더 소수로 자연적으로 발생하는) 폐쇄적 맥락 밖에서는, 어떤 사건이나 구체적 현상들에 대한 설명이 언제나 원인들과 기제들과 잠재적으로 이론들의 **다중성**을 필요로 한다는 통찰에서 시작한다. 이것은 연구 대상의 **복잡성**을 나타내는 지표다.

하지만 다중-기제성multi-mechanismicity에서 다중학문분과성으로 나아가려면 복잡성에 대한 고려에 발현에 대한 고려를 더해야 한다. 간단히 실재의 **발현적 수준**은 ① 더 기본적 수준에 일방향적으로 의존하며, ② 분류학적으로 더 기본적 수준으로 환원할 수 없고, ③ 더 기본적 수준이 작동하는 영역으로 인과적으로 환원할 수 없다(Bhaskar,

2009). 이런 발현이 관련되어 있다면 개방체계의 특징적인 다중-기제성은 다중학문분과적 방식으로, 즉 다수의 학문 분과들이 (또는 다수 학문 분과들의 관점에서) 연구해야 할 것이다. 발현적 **수준**에 더해 질적으로 새롭거나 발현적인 결과가 인과 연계의 작동에 관련된다면, 필요한 지식은 관련된 여러 학문 분과 지식의 부가적인 집결로 산출되는 게 아니라 종합적인 통합이나 진정한 다학문성을 요구할 것이다.

기제들이 자체로 발현적이라면 내부학문분과성intradisciplinarity 이라고 부를 수 있는 사례를 가지게 된다. 바스카와 다네르마르크(Bhaskar and Danermark, 2006)는 장애 연구에서의 (처음에는 생명의학적 환원, 그다음에는 사회-경제적 환원, 그다음에는 문화적 또는 언어적 환원으로 진행하는) 연속적인 환원주의적 경향을 비판했다. 그러면서 장애 연구 분야에서 적절한 설명과 실천은 일반적으로 물리적, 생물학적(또는 신경생리학적), 심리적, 정신-사회적, 사회-경제적, 사회-문화적, 규범적 수준들로 구성되는 **적층적 체계**에 의지해야 한다고 주장한다. 일반적으로 (내부학문분과성을 포함한) 다학문성은 다수의 환원 불가능한 수준들로 구성되는 적층적 체계의 구성을 필요로 한다. 적층적 체계의 상이한 수준들은 방법론적으로 특수한 방식으로 연구해야 한다. 인간들이 그 안에서 활동하는 개방체계는 복잡성과 발현성뿐만 아니라 다른 구별적인 특성들에 의해서도 특징지어진다(Bhaskar, 1998). 여기에는 사회구조들 및 인간 행위주체의 환원 불가능성과 상호 관련성,

그리고 사회적 삶이 개념적 측면에 의존하는 (그러나 개념적 측면이 사회적 삶의 전부를 포괄하지는 않는) 특성 등이 포함된다.

그런데 존재론적 고려에서 인식론적 고려로 옮겨가면 발현적 결과 (또는 기제)에 대한 지식의 산출은 일종의 초학문분과성transdisciplinarity에 의존할 것이다. 전형적으로 이것은 이미 존재하는 지식이라는 자원의 활용을 포함한다. 이 자원은 온갖 상이한 인지적 분야들에서 얻을 수 있고 유추, 비유, 모델에서 사용할 수 있다.

적층적 체계의 작동에 대한 지식을 성공적으로 통합해 논리 정연한 결과를 만들려면, 꼭 연구진 구성원들 간의 교차학문분과적cross-disciplinary 또는 상호전문적interprofessional 이해가 필요하다. 교차학문적 (또는 교차전문적) 이해와 다학문분과적(또는 다전문적) 통합의 가능성은 보편적 연대와 주축적axial 합리성의 원칙을 전제하거나 이런 공리나 가정에 기초한다고 주장되어 왔다. 그러나 특정 학문 분과에서 작동하는 인지 구조가 인식적 통합을 허용하지 않는 경우에 그런 통합이 가능하려면 해당 학문 분과를 (예컨대 내재적 비판 과정의 결과로서) 변화시켜야 한다는 점도 지적해야 한다. 이 과정은 ① (적절한 적층적 체계의 구성에 필요한 전문 지식을 갖춘) 연구진과 여러 학문 분과 실행자들의 해석학적 조우, ② 필요하다면 연구진에 참여하는 다른 학문 분과들의 내재적 비판, ③ 효과적인 인식적 통합의 순서로 진행한다.

이 분석에 따르면 성공적인 다학문분과적 연구는 다음 사항을 포함한다. ① 인식론으로부터 존재론의 명확한 분리, 그리고 이것에 동반하는 존재론적 실재론, 인식론적 상대주의, 판단적 합리성이라는 비판적 실재론의 삼위일체에 대한 연구자들의 수용과 이해. ② 반反환원주의. ③ 적층적 체계에 입각한 설명 개념. ④ 다학문분과적 연구의 '성삼위일체holy trinity'라고 불러온 것, 즉 최소한 위의 ①에서 ③으로 구성되는 메타이론적 통일성, 적층적 체계의 상이한 수준들을 탐구하는 규범으로서 방법론적 특수성, 그리고 이론적 다원주의와 관용. ⑤ 그 성과로서 통합적인 설명을 가능하게 하는 충분하고 일반화된 교차학문분과적 이해와 인식론적 통합. ⑥ 다학문분과적 연구를 막는 경력적·행정적·재정적 장애의 해소. ⑦ 적절한 설명을 위한, 미래의 다학문분과적 연구자들의 교육과 훈련을 위한 (깊이를 중심으로 하는) 학문분과성과 (통합을 중심으로 하는) 다학문분과성의 변증법. 그렇지만 우리는 이것들이 실천에서 어떻게 나타나는지 이해해야 한다.

* * *

이 장을 구성한 단편은 우리에게 바스카의 교육 이론에 대한 통찰력을 제공해 준다. 다음 장에서는 이렇게 얻은 통찰력이 우리를 어디로 안내할 수 있는지에 대한 해명을 바스카 자신의 목소리로 제시한다. 그것은 충분히 발전된 교육철학이라고 할 수 있다.

제5장
—
교육 이론, 계몽 그리고 보편적 자아실현

2002년 바스카는 인도에서 학생들을 대상으로 한 강연에서 그의 교육 이론의 몇 가지 요소를 제시했다. 이 장은 당시의 강연을 정리한 것이다. 원문은 바스카가 쓴 『과학에서 해방으로: 소외와 계몽의 현실성』의 제11장으로 실려 있다.

* * *

지금 내가 말하고자 하는 것은 교육과 나의 경험과 여러분의 경험에 관한 이야기라고 할 수 있습니다. 나는 먼저 마르크스가 포이어바흐의 세 번째 명제에서 교육자 자신도 교육받아야 한다며 누가 교육자들을 교육할지, 누가 그들에게 권한을 줄지, 누가 그들을 변화시킬지를 질문했을 때 지녔던 생각, 아주 시의적절한 생각을 여러분이 염두에 두기를 바랍니다. 여러분이 실제로 존재하는 공산당들의 실천을 살펴보면 그 지도자들이 스스로를 변화시키지 않았다는 점, 이른바 교육자들이나 자칭 변혁가들이 스스로를 교육하고 변혁하고 변화시키지 않았다는 점을 알게 될 것입니다. 그래서 오늘 이 강연은 어떤 측면에서는 나 자신에 관한 이야기로 들어가는 아주 좋은 실마리가 될 것입니다. 왜냐하면 내가 이야기하고자 하는 것은 전형적으로 동양적 접근이라고 말할 수 있는, 원한다면 전형적으로 영성적 접근(여기서는 자기 변화, 자기 발전, 자기 계발 또는 자기완성을 강조합니다)이라고 말할 수 있는 자기 변화, 자기 변혁과 반대로 서구적 접근(여기서는 자기 외부의 변화, 즉 세계의 나머지 부분의 변혁을 강조합니다) 사이의 일종의 변증법이기 때문입니다. 서구적 접근은 전형적으로 저승의 이야기가 아니라 이승의 이야기입니다. 이것은 최상의 경우에 이타적인, 외부로 향하는, 즉 점검받지 않고 변화되지 않은 채 남아 있는 자아가 아니라 다른 사람들을 위해 무언가를 하려는 것과 관련됩니다.

그런데 사실 나는 이 두 가지 접근 사이에 모순이 있지 않다고 생각합니다. 우리가 진정으로 영성적이라면, 우리가 실제로 자아를 넘어선다면, 우리가 정말로 다른 사람들을 사랑한다면 우리는 세계 속에서 실천적인 변혁 활동들에 참여할 수밖에 없다고 생각합니다. 그래서 자신을 위한 진정한 영성을 나는 실천적 신비주의practical mysticism라고 부릅니다. 이것은 전적으로 지상으로 내려오는 것입니다. 인간 해방의 대의에, 사실은 보편적 자기실현의 대의에 복무하도록 여러분 자신을 완전히 맡기는 일입니다. 이것이 내가 진정으로 영성적이라고 생각할 수 있는 유일한 영성적 접근이며, 당연하게 참으로 모든 위대한 영성적 교사들의 접근입니다. 우리가 부처를 보는지 예수를 보는지는 중요하지 않습니다. 하지만 동시에 이것은 매우 흥미롭게도 서구적이고 세속적인 해방 이론들에 함축된 접근이기도 합니다. 자리自利-이타利他를 설법하는 보살의 대승불교Mahayana Buddhism of the Bodhisattva 의 이상을 생각해 봅시다. 보살은 가장 크게 깨달은 사람인데도 세상의 다른 모든 존재가 깨달을 때까지 보살 자신의 깨달음, 자신의 행복, 자신의 열반nirvana을 미룬 존재입니다. 이것은 공산주의 사회에서는 각 개인의 자유로운 발전이 모든 사람의 자유로운 발전의 조건이라고 설명한 마르크스의 입장과 매우 유사합니다. 마르크스는 최고의 무신론자였습니다. 달리 말하면 여러분의 안녕과 발전이 나 자신의 안녕과 발전의 조건이며, 나의 안녕과 발전만큼 중요하다는 것입니다. 달리 말하면 여러분이 여전히 비참하고 불행하다면 내가 자유롭다고 하더라도 이것이 좋을 수는 없으며, 내가 가장 훌륭하게 수양하고 완벽한 사람이 되더라도 이것이 좋을 수는 없습니다. 이것은 또한 정확하게 불교의 입장이기도 합니다. 그리고 우리가 이것에 더 깊이 들어가면 어떤 수준에서 이것은 모든 위대한 종교들의 입장이자 심지어 정치적 영감과 열망이 되기도 합니다. 그러므로 나는 바로 여기서, 즉 영성과 급진적 사회변동 사이에는 정말로 아무런 모순이 없다는 데서 출발합니다. 자기 개선, 넓은 의미에서의 교육, 사회구조들의 변혁과 모두의 해방 추구 사이에는 아무런 모순도 없습니다.

　일단 우리의 삶이 전체적인 인간해방을, 궁극적으로 보편적인 자기실현을 지향한다고 느끼는 지점에 도달하면 우리는 이런 결과가 어디에서 왔는지, 이것을 어떻게 이룰 수 있는지를 알고자 합니다. 여기서 이해해야 할 중요한 사실은 우리가 다른 사람을 해방시킬 수 있는 것은 결코 아니라는 점입니다. 해방은 밖으로부터 부과할 수 있는 것이 아니라 언제나 안으로부터 생겨나야 합니다. 그러므로 우리는 변증법의 과정을 밟게 됩니다. 이 변증법은 정확히 어떻게 작동할까요? 우리는 영성적 영감에서 시작해 적당한 경험을 하기를 원하고 우리에게 급진적인 사회 변화를 추구할 수 있게 하는 의식 속에 있기를 원합니다. 급진적인 사회 변화를 추구할 때 우리는 어떻게 사람들을 변화시킬지를 스스로에게 물어보며, 외부에서 해방을 강제하려는 시도는 무엇이든 거짓이며 타율적이고 작동하지 않을 것임을 깨닫게 됩니다. 개인들 자신은 오로지 스스로 해방될 수 있으며 해방은 외부로부터 부과될 수 없습니다. 유토피아의 기획들, 세속적 해방의 기획들이 겪은 모든 실패는 자기-준거성self-referentiality의 원칙을 충분히 진지하게 고려하지 않은 데에서 비롯했다고 할 수 있습니다. 이것은 교육에서 매우 중요합니다. 영성의 발전과 급진적 사회변혁의 변증법을 개관하겠습니다.

개인 없이는 아무 일도 일어날 수 없다는 점으로 돌아가겠습니다. 우리 모두는 교육과 관계가 있으며 대부분 교사이거나 상담 교사입니다. 그렇다면 실제 우리는 누군가에게 무엇인가를 어떻게 가르칩니까? 이것에 관해서 생각해 보았습니까? 내가 칠판에 논리학이나 수학의 증명을 쓰고 "이것은 q와 p를 나타내고 그러므로 q입니다"라고 말한다고 상상해 봅시다. 사람들이 이것을 이해합니까? 여러분이 이것을 이해하지 못하고 메타이론을 끌어들여야 한다면, 여러분은 모두 이 이론을 다른 이론에서 추론해야 합니다. 내가 말하고 있는 것을 여러분이 이해하지 못한다면 가르치는 나의 노력은 희망 없고 쓸모없어집니다. 결국 가르친다는 일은 대화적 관계이며 언제나 주체가 새로운 관점을 얻는가에 달려 있습니다. 이것을 얻는다면 그/그녀는 "이제 당신이 이것을 어떻게 하는지 알 수 있습니다"라고 말할 것입니다. 자동차 운전과 같은 응용 기술을 학습할 때도 마찬가지입니다. 운전을 처음 시작하는 사람들은 대부분 어떻게 후진을 하는지를, 운전대를 어떻게 조종하는지를 알지 못합니다. 운전은 어렵습니다. 하지만 어느 순간에 문득 우리는 운전의 요령을 알게 됩니다. 프랑스어를 학습한다면 어느 순간에 우리는 갑자기 프랑스어를 어떻게 말하는지를 알게 됩니다. 우리가 어떤 그림을 보며 오리 그림이라고 생각해 왔는데요. 그런데 어느 순간 이 그림을 토끼로 볼 수도 있게 됩니다. 이것은 학습과 교육의 모든 행위에 관련된 형태gestalt입니다. 이것 없이 우리는 아무에게도 아무것도 가르칠 수 없습니다. 그러므로 이해해야 하는 주체는 언제나 자아입니다. 우리는 다른 사람들에게 이해를 부과할 수 없습니다. 그들이 내부로부터 이해해야 합니다.

예컨대 우리가 "P는 Q를 의미하고, 그러므로 P는 Q라면, 따라서 P는 (P는 Q를 의미하고, P는 Q이기 때문에) Q이다"라고 말해야 한다고 상정해 봅시다. 이것이 도움이 됩니까? 그렇다면 이것의 조건은 무엇입니까? 특이한 조건인데, 이 조건은 사람들이 이미 이것을 알고 있어야 함을 의미합니다. 왜냐하면 이것이 사람들의 안에서부터 와야 한다면 이들은 이미 해당 지식이 있어야 합니다. 사실상 모든 교육은 상기anamnesis, 想起라는 플라톤 이론과 다르지 않다면, 우리가 하는 일이 사람들 안에 내재하고 접혀 있고 잠재해 있는 것들을 이끌어내는 것이라면 우리의 일은 이것들을 현실화하는 것이며, 이것들을 드러나도록 하는 것입니다. 그러나 이것들이 안에 있지 않다면 교사가 말하고자 하는 것을 학생들이 이해할 때 보여주는 "아, 알겠습니다"라는 반응을 얻을 수 없을 것입니다. 그러므로 자기-준거성 관점의 우선성은 해방에 중요할 뿐만 아니라 교육에도 똑같이 중요합니다. 이것이 오늘 우리의 중심 주제입니다.

이것이 얼마나 중요한지를 우리가 알게 되면, 내가 이 사람들을 어떻게 이해하게 되는지를 이야기할 수 있습니다. 이들은 누구이며 어디에 있는지, (집합적 해방과 관련 없는, 세계를 더 좋은 곳으로 만드는 것과 관련 없는) 작은 일에 누가 관심을 가질지, 거기에 있는 이들을 우리가 어떻게 이해하게 되는지를 이야기할 수 있습니다. 그래서 우리는 우리 변증법의 또 다른 수준에 도달하게 됩니다. 이 수준에서 우리는 삶의 어떤 목적에 대해서나, 이 사람이 삶의 목적에 얼마나 전념하는지와 무관하게, 이 목적을 성취하고자 한다면 오직 하나의 길만이 있음을 알 수 있습니다. 이 길은 단일목적성single-pointedness이나 명확성clarity 또는 일관성coherence과 순수성purity입니다. 어느 수준에서든 삶에서 겪는 대부분의 실패는 혼란에서 유래합니다. 즉, 무엇을 원하는지가 명확하지 않은 데에서 비롯됩니다. 은행을 털려는 강도가 있고 우리가 그의 상담자라고 상정해 봅시다. 먼저 강도에게 할 이야기는 그가 하고 싶어 하는 일이 무엇인지에 관해 명확하게 생각해 보라는 것입니다. "하고 싶은 일이 무엇인지 내게 말해보라. 은행을 터는 것인가? 오직 그 생각뿐인가? 그렇다면 좋다." 그러나 그다음에 우리는 이렇게 이야기하고 싶을 것입니다. "당신은 왜 은행을 털고 싶어 하는가? 은행을 털면 정말 부자가 되리라고 생각하는가?" 그리고 나서 이것을 한 걸음 더 끌고 갈 수 있습니다. 우리가 이것을 어떤 지점으로 끌고 가든 성공적인 행동을 위한 기준, 삶에서의 목표 성취를 위한 기준은 단일목적성, 명확성, 일관성, 순수성입니다.

그런데 우리가 어디에서 시작하든 이지적·정서적·육체적 삶 속에서 더 일관되고 더 자중하고 더 순수해짐에 따라 어떤 아름다운 품성과 공덕을 드러내기 시작한다는 것을 깨닫게 될 것입니다. 이것은 락슈미Lakshmi, 吉祥天[*]가 언급한 품성인데, 나는 이것을 인간의 기본 상태의 품성ground state qualities이라고 부릅니다. 이것은 자유의 품성, 무한한 창의력의 품성이며, 사랑과 정확한 행위의 품성이며, 의도를 실현하는 품성입니다. 이 품성에서 비범한 것은 이것 없이는 우리가 아무것도 할 수 없다는 점입니다. 우리는 이 품성이 매우 비범하다고 말할 수 있습니다. 모든 난잡함과 엄청난 혼란, 우리가 하는 온갖 종류의 타협들 아래에서 여러분은 순수한 창의력, 순수한 에너지, 사랑, 자유, 앎 외에는 아무것도 없다고 말할 것입니다. 그렇습니다. 이것이 내가 주장하는 것입니다.

먼저 이것을 세속적 사유의 몇 가지 주제들과 일관되게 만들고, 우리 자신의 방식으로 살펴보겠습니다. 이렇게 이야기하는 것이 나만의 생각은 아닙니다. 모든 해방 이론을 충분히 깊이 생각해 본다면 해방 실현의 이론들은 모두 이렇게 주장합니다. 궁극적으로 인간은 훌륭하다는 것, 인간은 절대적으로 훌륭하다는 것, 인간에게 잘못된 것은 없다는 것, 인간은 아름답다는 것이라고 말입니다. 똑같은 두

---

[*]   고대 인도 신화에서 풍요와 행복을 관장하는 여신이다. _옮긴이 주.

사람의 인간은 없기 때문에 인간은 개별성 측면으로 보아도 그렇습니다. 우리는 모두 각자의 독특한 다르마를 가지고 있습니다. 우리는 모두 매우 특별한 존재들입니다. 그러나 우리는 모두 절대적으로 훌륭합니다. 어떤 사람들은 우리 모두가 이미 깨달음을 얻었다고까지 말했습니다. 우리의 깨달음이 실현되는 것을 방해하는 것은 오직 그 깨달음을 덮고 있는 혼란뿐입니다.

어쨌든 서구의 관점에서 루소는 인간은 자유롭게 태어났으나 어디서나 쇠사슬에 묶여 있다고 설파했습니다. 이 말의 의미는 인간의 본질과 관련해서 우리가 자유롭다는 것, 우리가 스스로를 구속한다는 것, 오히려 우리가 유지하는(그리고 궁극적으로 책임이 있는) 사회가 우리를 구속한다는 것입니다. 위대한 현대 언어학자 놈 촘스키Noam Chomsky는 우리가 언어를 배우는 본유의innate 능력, 즉 우리가 실제로 해당 문장들을 얼마나 많이 쓰는지와 관계없이 무한한 수의 문장들을 생성할 수 있는 능력을 지니고 태어난다고 강조합니다. 우리는 무한한 창의성의 능력을 지니고 있습니다. 우리가 일본에서 살고 있다면 영어나 힌디어나 마라티Marathi어* 대신에 일본어로 말할 것입니다. 우리는 모두 그런 재능, 그런 능력을 태어날 때부터 지니고 있습

---

* 인도·유럽 어족에 속한 산스크리트어로 인도 뭄바이와 그 주변에서 마라타족이 쓴다. _옮긴이 주.

니다. 보통 남성들의 사례로 취급되지만 전형적으로 여성들의 사례이기도 한데, 가령 사무실이나 작업 현장에서 단조롭고 힘든 일을 하는 사회현상을 생각해 봅시다. 조금도 창조적이지 않은, 가장 소외된 노동을 강제하는 생산 라인조차 거기서 작업하는 노동자들이 자발적인 창의력을 발휘하지 않는다면 한순간도 가동되지 못할 것입니다. 우리가 그저 단순하게 규칙만을 준수한다면 사무실은 기능할 수 없습니다. 가장 기계적인 체계조차도 작동하려면 인간의 자발성과 창의적 재능이 필요합니다. 우리가 어떻게 컴퓨터를 작동하게 만듭니까? 가령 우리가 실수로 컴퓨터를 발로 차 기계가 말을 듣지 않게 된다면 우리는 그것을 제대로 되돌려 놓을 필요가 있습니다.

전쟁과 같은 사회현상을 사례로 삼아봅시다. 전쟁은 더 끔찍할 수 있는데, 전쟁은 어떻게 지속됩니까? 결국 전쟁은 전선에서 싸우는 군인들의 자기희생적인 단결과 후방의 집에 있는 군인들의 자매들, 아내들, 딸들의 지원과 생계유지와 사랑으로 지속됩니다. 심지어 은행 강도는 어떻습니까? 강도들 사이의 단결과 신뢰가 없다면 이들의 행동은 성공할 수 없습니다. 그러나 또 하나의 요점이 있습니다. 여러분이 정확하게 행위하지 않는다면 여러분은 삶에서 어떻게 무슨 일인가를 할 수 있습니까? 내가 무엇을 하고 있거나 간에, 내가 여러분을 설득하거나 못 하거나 간에 적어도 지금 나는 얼마간의 단어들을 정확하게 발성하고 있으며, 이것은 정확한 행위입니다. 내가 지금 하고자 하는 것은 여러분에게 자유, 창의력, 사랑, 정확한 행위 또는 의도 실현이라는 기본 상태의 품성에 의지하지 않는 인간의 상황이 도대체 존재하는지 찾아보라는 것입니다. 이것들은 인간의 기저의 품성입니다.

내가 말하고자 하는 것은 교육의 기획, 깨달음의 기획, 보편적인 자기실현의 기획이 동일하다는 것, 또는 이것 모두가 하나의 사안에 달려 있다는 것, 그리고 이것은 타율성heteronomy의 제거, 본질적으로 여러분의 것이 아닌 다른 온갖 것들의 제거에 달려 있다는 것입니다. 본질적으로 여러분의 것이 아닌 모든 것을 제거하는 과정에서 자동적으로 여러분은 본질적으로 다른 모든 사람의 것이 아닌 모든 것을 제거하기 위해 노력할 것입니다. 이것은 개인주의적 접근이 아닙니다. 왜냐하면 (내가 만든 몇 가지 기술적technical 개념들 가운데 하나인) 4평면 사회적 존재라고 부르는 것을 전제하기 때문입니다. 이것은 사회적 삶에서의 모든 사건을 4차원에 입각해 이해해야 한다고 전제합니다. 우리의 자연과의 교환, 즉 자연과의 물질적 교섭에 입각해서, 다른 사람들과의 우리의 사회적 상호작용에 입각해서, 사회구조와의 우리의 관계에 입각해서 이해해야 한다는 것입니다. 사회구조는 무엇입니까? 사회구조들은 언어, 경제, 정치 형태 등과 같은 사물들입니다. 분명히 우리는 태어나면서 사회구조들을 창조하는 것이 아니라 물려받습니다. 그러나 우리는 사회구조들의 재생산에서 중요한 역할을 합니다. 왜냐하면 우리는 우리의 의도적 활동들을 수행하는데, 우리의 활동 없이 사회구조들은 존재할 수 없기 때문입니다. 사회구조들은 우리의 의식적인 의도적 활동들로 부지불식간에 이리저리 재생산되거나 변형됩니다. (어떻게 불러도 좋은데) 자본주의나 상업주의의 사회구조들을 예로 생각해 봅시다. 탐욕과 욕망이 없다면 이 사회구조가 잠시라도 기능할 수 있겠습니까? 서쪽으로 미국으로 유럽으로 영국으로 가봅시다. 한 가구가 자동차 한 대를 가지는 것으로는 충분하지 않습니다. 한 명당 한 대의 차를 가져야 합니다. 한 사람이 자동차한 대를 가지는 것으로 충분하지 않습니다. 두 대, 세 대를, 아니 네대, 다섯 대, 여섯 대를 가져야 합니다! 그 결과 내가 (주로) 살고 있는 영국에서는 도로마다 자동차들이 가득 차 있습니다. 이웃끼리 차를 공유한다면 참 좋겠지만, 사람들은 그러는 대신에 각각 차를 몰고 일터로 나갑니다. 서로 이웃에 사는 이들은 어쩌면 이웃한 직장에서 일할 수도 있습니다. 심지어 이들은 각자의 자동차를 주차하는 데 막대한 어려움을 겪고 많은 시간을 소비해 가면서 나란히 주차할지도 모릅니다.

이제 4평면 사회적 존재의 네 번째 차원에 대한 사회구조의 영향을 생각해 봅시다. 이 차원은 우리 인성의 층위입니다. 이 사회구조는 우리를 민감하게 만들고 성마르게 만듭니다. 그리고 이것은 똑같은 것들을 더 많이 만들어낼 뿐인 구조를 재생산합니다. 근본적인 혁신, 질적 변화를 위한 혁신, 내부적 관계와 외부 경제들과 환경에 주목하는 질적이고 비수량적인 판단을 고려하는 혁신 등과 같은 종류의 혁신에 대해 우리의 자본주의 사회체계는 아무것도 알지 못합니다. 다음으로 이것이 4평면 사회적 존재의 두 번째 차원에 미치는 영향을 생각해 보면, 서로에 대한 우리의 관계를 망친다는 것을 깨닫게됩니다. 우리는 열 시간이나 열두 시간쯤 직장에서 일한 뒤에 각자의 차를 타고 귀가합니다. 집에서 배우자와 사소한 일로 말다툼을 하고, 자녀들을 속상하게 만들고 때리거나 더 심한 일을 벌인 뒤에 화를 내면서 험악한 분위기를 만들고는 합니다. 다음 날 아침이면 두통과 함께 깨어나 끝없는 순환을 반복합니다. 그러므로 사회적 삶의 네 차원 모두가 상호작용합니다.

실제 문제는 우리가 어디서 시작하는지가 아닙니다. 왜냐하면 이런 종류의 영성적 접근을 진정으로 이해하지 못하는 대부분의 사람들은 당연한 듯이 영성적 존재는 아무것도 수행하지 않는다고 생각하기 때문입니다. 그런데 이런 생각은 다른 시기와 시대에는 적절할 수도 있었고 아마도 사회 속에 있지 않은 일부 사람들에게는 여전히 어떤 역할이 있을 테지만, 오늘날 우리는 누구나 사회 속에 있어야 한다고 말해야 한다고 나는 주장하고자 합니다. 왜냐하면 우리는 지구적으로 상호 연결되어 있고 지구적인 위기 속에서 살고 있기 때문입니다. 우리는 빠른 속도로 돌아올 수 없는 지점에 도달하고 있습니다. 우리는 제어장치가 망가진 채 낭떠러지를 향해 달리는 자동차와 같습니다. 낭떠러지까지 100미터쯤 남아 있고, 자동차는 시속 60킬로미터의 속도로 달리고 있으며, 방향을 바꿀 수 있는 시간은 5초가량 남았습니다. 상황이 그러합니다. 방글라데시의 해발고도는 대부분의 지역에서 10미터 이하이고 해안가는 1미터 정도입니다. 아마도 25~30년 뒤에는 많은 지역이 바다에 잠기는 끔찍한 일이 일어날 것입니다. 세계의 여러 섬들과 영국의 섬들의 운명도 그리 다르지 않습니다. 지구온난화는 우리가 이 현상에 대응해 무엇인가를 하지 않으면 안 될 만큼 빠른 속도로 진행되고 있습니다.

그러나 이것만이 아닙니다. 우리 사이의 상호작용과 우리가 표면 구조를 재생산하는 방식을 생각해 봅시다. 잘잘못을 따지기 전에 이제 우리는 9·11 테러 이후 소수의 사람들이 저지른 행동이 어떻게 세계 전체를 불안정하게 만들 수 있는지 알게 되었습니다. 또한 정치인들과 그들의 일부 행동들이 이런 불안정화를 심화한다는 것도 알고 있습니다. 정치적 수준에서 우리는 끔찍한 상태에 처해 있습니다. 경제적 수준에서는 만성적 부채, 만성적 제3세계의 부채, 만성적 위기가 있음에도 우리는 풍요의 행성에서 살고 있습니다. 우리는 필요로 하는 모든 것을 잠재적으로 소유하고 있습니다. 피정을 가거나 오래된 수도원에 들어가는 것의 장점이 무엇이든, 오늘날 우리는 영성적 존재로서 지구상에 신을 실현하고자 하면서 실천하는 존재일 수밖에 없으며 사회에 참여할 수밖에 없습니다. 그리고 이것은 우리가 좋든 싫든 무엇을 하든, 동시에 이런 네 개의 전선 모두에서 행위할 것임을 의미합니다. 우리는 좋든 싫든 (반복과 재생산이거나 아니면 변형과 변화인) 사회변동의 과정에 참여할 것입니다. 왜냐하면 의도적으로 행위하는 행위주체만이 사회에서 일어나는 모든 일을 발생시키기 때문입니다. 의도는 다른 것으로 환원될 수 없습니다. 행위주체는 환원 불가능합니다. 이 4차원의 평면들과 영향들 모두에서 행위주체는 환원 불가능합니다. 그러므로 우리가 하는 행위들은 모두 이런 다차원적 방식으로 세계에 영향을 미칩니다. 그렇더라도 우리는 행위하지 않을 수 없습니다. 우리가 행위하기를 중단한다고 해도 이것 또한 행위가 아닙니까? 이것도 행위입니다. 결국 우리는 자발적으로 행위해야 하며 어느 시점에서는 자발적으로 행위할 것입니다. 이것은 매우 중요합니다. 우리가 무엇인가를 하고자 할 때를 상상해 봅시다. 내가 여기 있는 물 한 컵을 집어 들려고 한다고 상정해 봅시다. 나는 할 수 있는 가장 조심스러운 방법으로 물을 마실 수 있습니다. 나는 그런 방법으로 물을 마실 수 있거나 그런 방법으로 마셔야 하거나 그럴 것입니다. 그러나 어떤 시점에서는 나는 단지 물컵을 집어 들기만 할 뿐입니다. 주장하는 행위에 대해서도 생각해 볼 수 있습니다. 다음에 나는 무슨 말을 할지를 생각해야 합니다. 그러나 어떤 시점에서 나는 단지 그것을 말해야 할 뿐입니다. 이것은 우리가 음식을 조리할 때도 마찬가지입니다. 이것이 인간 행위의 자발성입니다. 어떤 시점에서 우리는 단지 행위해야 합니다. 우리가 자발적으로 행위할 때 우리의 사유는 그 행위 속으로 들어가지 않습니다. 우리는 생각하지 않습니다. 그런 행위는 우리의 가장 깊은 존재에서 흘러나오는 어떤 것입니다. 우리는 그것을 계획하지 않으며 미리 숙고하지도 않습니다. 물론 우리는 그것을 배울 수도 있고 습득할 수도 있습니다. 그것은 숙련입니다. 그러나 그것이 일어날 때 그것은 단지 자연발생적인 것이고 무조건적인 것이고 재능입니다. 그것은 재능이며 우리는 아무것도 묻지 않습니다.

이제 사람에 관한 이야기에서 어떤 측면에서는 여성에 관한 이야기라고 할 수 있는 것으로 옮겨보겠습니다. 이것은 양날의 칼입니다. 여성의 가사 노동을 생각해 봅시다. 자본주의경제는 가사 노동을 존중하거나 인정하지 않습니다. 부불不拂 노동이며 상품화된 노동에 속하지 않습니다. 가사 노동을 하는 여성은 그녀가 돌보는 자녀와 계약을 맺지 않습니다. 이것은 무조건적이고 비계약적인 노동이며 자발적인 재능의 제공입니다. 어떤 면에서 이것은 아름답습니다. 불교나 마르크스주의에서의 이런 전망을 우리가 가지고 있어야 한다면(물론 이런 전망이 모든 것에 대해 참인 상태가 최선입니다만), 이런 전망을 우리가 실현해야 한다면, 우리는 무조건적인 자발적 행동, 미리 계획하지 않았지만 자발적인 행동, 고단하지만 여전히 자발적이고 즐거운 행동을 하는 품성을 갖추어야 합니다. 이것에 더해서 총체적이어야 합니다. 왜냐하면 여성들은 대개의 경우 이 아이와 저 아이의 이해·관심을 어떻게 균형 있게 조절할지, 남편이 언제 집에 올지, 이웃 사람들이 언제 갑자기 방문할지에 대해 알고 있기 때문입니다. 몇 달 전에 나온 유엔 보고서에서는 남성들이 기본적으로 세계의 자원들에 대해 '남편화하기husbanding'를 계속한다면, 즉 자원들을 계속 관리한다면 지구에는 미래가 없다고 지적하고 있습니다. 그렇게 되면 15~20년 안에 지구는 멸망할 것입니다. 그렇지만 여성들이 자신들의 가정경제 양식을 이용해 지구적으로나 일국적으로 권력의 자리에서 사용한다면 진정한 미래가 있을 것입니다. 여성의 전형적이고 무조건적이고 자발적 행동과 남성의 물상화되고 소외된 세계 사이의 이런 비대칭은, 반복해서 말하지만 매우 양날적입니다. 그러나 비대칭이 존재하며, 여성의 가사 노동에는 우리가 미래에 보편적으로 지녀야 할 것에 대한 일종의 단속적 원형punctuated prefiguration이라고 부를 만한 것이 자리하고 있습니다. 하지만 이것은 우리가 미래에 보편적으로 지녀야만 하는 것일 뿐만 아니라 지금 당장 적어도 부분적으로는 지녀야 하고 지니고 있는 것이기도 합니다. 그리고 남성이 사람이려면 이런 측면에서는 여성이 되어야 합니다. 사실 남성들은 아내가 없을 때 여성이 됩니다. 남성은 자발적으로 즐겁게 부모가 될 것이고 가사를 균형 있게 공유하면서 남성들도 가정에서 자신이 여성이 됨을 발견하는 것에서 실질적으로 기쁨을 얻을 것입니다.

그리고 당연히 여성으로서도 여러분은 긴 연쇄의 정신적 추론을 실행할 것입니다. 여러분은 산술에 약하다고 생각할 수도 있는데, 실제로 그런 것은 아니지만 그렇다고 해둡시다. 여러분은 산술을 즐길 수 있습니다. 체스를 할 수 있는 공간도 있습니다. 여러분이 체스에 대해 생각할 때(체스를 위한 공간이 있고, 체스에서 말하는 것을 위한 공간이 있으며, 실제로 이것 없이는 체스가 있을 수 없습니다) 또는 중력의 발견이라는 위대한 작업을 진행해 가는 뉴턴의 노동이나 공간-시간의 발견으로 나아가는 아인슈타인의 노동에 대해 생각할 때 무슨 일이 일어납니까? 이런 발견은 마른하늘의 번개처럼 갑자기 모습을 나타냅니다. 이런 발견은 유도되거나 도출될 수 있는 것이 아닙니다. 초월에서, 저 너머에서 오는 것입니다. 가장 정교하고 비상한 활동이고, 가장 평범하고 일상적인 활동입니다. 어느 경우든 이런 발견은 자발적이며 재능입니다. 중력의 발견이라는 행운gift은 자연이 준 선물gift이었으며 천체가, 신(원한다면 그렇게 불러도 좋을 것입니다)이, 우주가 뉴턴에게 준 것입니다. 그러나 이것은 특별히 준비된 정신에게 주어진, 정신이 열정적으로 힘들여 노력하고 철저히 준비했기에 주어진 선물이었습니다. 이 정신, 뉴턴의 정신이 중력이라는 영역에, 즉 지금 우리가 중력으로 알고 있는 전체적인 물리적 장에 잘 들어맞았다고, 그 순간이 왔을 때 창조적인 영감이 왔을 때 뉴턴은 중력이었다고, 그는 세계와 '하나'가 되었다고, 그 '유레카'의 순간에 그는 중력이 되었다고 말할 수 있습니다. 그것은 일체의non-dual 순간 또는 초월적 순간이었습니다.

이 이야기를 하기에 앞서 무엇인가를 배우는 어린이의 사례를 들어봅시다. 어떤 점에서는 어린이가 무엇인가를 배우려면 이미 그것을 알고 있어야 하는 것처럼 보입니다. 그런데 어린이가 겪는 유레카의 순간은, 즉 '알았다, 바로 이거다'의 순간은 과학자들이나 예술가들이 문득 자신들이 무엇인가를 해냈다는 것을 깨달을 때와 매우 비슷합니다. 누구에게나 이런 순간이 있습니다. 여러분이 어떤 숙련을 습득할 때, 여러분이 그 숙련을 자신의 일부로 만들고 하나가 될 때 이것은 새로운 몸짓입니다. 그러므로 모든 학습 과정이나 창조 과정에서 우리는 몇 개의 특징적인 계기들을 찾아볼 수 있습니다.

첫 번째 단계는 어디서든 어떻게든 문득 무엇인가 떠오르고 어린이가 갑자기 그것을 깨닫는 것입니다. 뉴턴은 그것을 보고 깨달았습니다. 또는 여러분은 그림을 이해하거나 책의 글을 어떻게 해석할지를 이해하거나 어떤 철학자가 말하는 것을 이해하게 됩니다. 이제 우리는 그가 무엇을 하고 있는지를 알게 됩니다. 이것이 기초입니다.

이런 이해의 단계에서 지식은 (외적 권위에 의지하는) 타율적인 것heteronomous이며 우리는 이 점을 잊지 않아야 합니다. 실제로 철학자로서 시인으로서 이런저런 종류의 작가로서 우리는 종종 어떤 생각이 떠올랐다가 사라져버리는 것을 느끼고는 합니다. 그래서 우리는 떠오른 생각을 적어놓고 외부화하게 됩니다. 이것이 두 번째 단계입니다. 세 번째 단계는 어린이나 누군가가 무엇인가를 학습하고 있을 때 그것을 점차 자신의 일부로 만드는 것입니다. 이것은 비상하게 힘겨운 과정일 수 있지만 반대로 매우 즐길 만한 과정일 수도 있습니다. 이것은 여러분이 적용하는 형성의 과정, 구성의 과정, 계획의 과정입니다. 여러분은 컴퓨터가 어떻게 작동하는지, 자동차를 사용해 무엇을 할 수 있는지, 언어로 무엇을 할 수 있는지를 알게 됩니다. 그러면 어떤 시점에서 여러분은 이것을 알고 있는 것입니다. 여러분은 이 지식을 자신의 일부로 만들게 됩니다.

그래서 이것은 변증법입니다. 지식은 저기에 암묵적으로 이미 있었습니다. 그다음에 그 지식은 외부로부터의 어떤 것에 의해 깨어나 우리의 의식에 왔습니다. 하지만 우리는 그 지식을 통제할 수 없었고 점차 그 지식을 익혀가며 우리 자신과 하나로 만들어야 했습니다. 그다음에 그 지식이 우리 자신과 하나가 되었을 때 더 이상 그것은 우리의 외부에 있는 것이 아닙니다. 이 단계에서 우리는 자발적일 수 있습니다. 네 번째 단계에서 우리는 객체화에, 즉 세계에 무엇인가를 만드는 행동에 참여할 수 있습니다.

창조의 모든 주기는 이런 특징적인 계기들을 가지고 있습니다. 첫째, 번쩍이는 번개 같은 영감, 둘째, 외부화를 포함한 창조 자체, 셋째, 구성, 형성, 점진적인 심층적 재厩내부화, 넷째, 새로운 무엇인가를 만들기, 생산과 객체화입니다. 끝으로 창조의 주기의 다섯 번째 단계는 우리가 만든 것이 우리의 의도를 반영하는지를 알아보는 것입니다. 이것은 내가 가진 내부적 충동을 표현하고 있는가? 이것이 나의 의도를 반영할 때 창조의 주기는 완벽하게 완성됩니다.

이것은 사실상 우주적 창조의 주기입니다. 모든 우주론은 마른하늘의 번개처럼 갑자기 나타나는 동일한 특징적인 공식을 가지고 있습니다. 첫째, 씨앗이 있을 수도 있는데 그 씨앗은 나타나고 사라질 수도 있지만 갑자기 떠오를 수도 있습니다. 둘째, 창조의 단계가 있고 그것은 안정화됩니다. 셋째, 구성과 형성의 단계가 있습니다. 넷째, 그것은 객관화됩니다. 다섯째, 그것은 창조자의 의도를 실현하거나 실현하지 못하거나 합니다.

인간의 모든 행위는 창조의 주기의 다섯 단계를 반영합니다. 특히 학습의 모든 행위를 포함하는 인간의 모든 행위는 (이런 표현이 괜찮다면) 우주의 창조를 반영합니다. 결국 우리가 하고 싶은 일은 우리 자신을 실현하는 것입니다. 외부 세계에서 우리의 성찰을 찾아봅시다. 이런 일이 언제 일어날 것인가? 우리가 우리 자신을 실현할 때 이런 일이 일어날 것이며, 오로지 모든 사람이 그들 자신을 실현할 때 일어날 것이며, 그렇게 되면 마침내 초기 충동을 실현하거나 완성할 것입니다.

따라서 창조의 주기의 다섯 단계에 상응해서 비판적 실재론 또는 락슈미가 언급한 철학은 존재론이라는 서양철학, 즉 존재의 이론에 대한 재주제화re-thematisation에 관여해 왔습니다. 나의 학창 시절의 경험을 이야기해 달라는 요청을 받았기 때문에 말씀드리자면, 학부 시절에 제가 배운 서양철학에서는 세계 자체에 관해 아무것도 이야기하지 않았다고 할 수 있습니다. 그것은 금지된 것, 금기 사항이었습니다. 존재에 관해 생각하는 것이 바로 비판적 실재론의 첫 번째 단계였습니다. 두 번째 단계는 존재를 과정으로 생각하는 것이었습니다. 세 번째 단계는 존재를 과정으로 그리고 총체로, 즉 통일체로 전체론적으로 생각하는 것이었습니다. 네 번째 단계는 존재를 모든 사물들과 연결하는 것, 그리고 변형적이고 자의식적인 잠재력, 자의적인 변형적 인간의 주체성과 성찰성, 즉 이론과 실천을 통합하는 우리 능력에 연결하는 것이었습니다. 다섯 번째 단계는 존재를 어떤 방식으로인가 실현되는 것으로, 어떤 방식으로인가 자유로운 것으로, 어떤 방식으로인가 실행되는 것으로 생각하는 것이었습니다. 근래에 나는 바로 이 단계에 관해 탐구하고 있는데, 여기에 새로운 영성적 개념들을 가져오거나 조금 다른 방식으로 조명하고자 합니다.

하지만 이 자리에서는 이것들을 어떻게 교육에 적용할 수 있을지 생각해 봅시다. 창조의 주기의 다섯 단계를 거치면서 우리는 이것들이 인간 행위의 다섯 계기들, 즉 의지의 계기, 사유의 계기, 느낌의 계기, 객체화의 계기, 그리고 우리의 객체화에서 실현(또는 실현하지 못함)의 발견의 계기에 상응함을 알 수 있습니다. 이것들은 존재의 연속적인 풍부화의 다섯 영역들에, 다양한 기본 상태의 품성들에 상응합니다. 이것들은 인간의 근본적인 특징입니다. 첫째는 자유, 둘째는 창조성, 셋째는 사랑, 넷째는 정확한 행위, 다섯째는 의도를 실현할 수 있는 능력이 됩니다. 그런데 많은 사람들이 영성적인 것은 일상의 삶에서 아주 멀리 떨어져 있다고 생각합니다. 많은 이들이 영성을 초월성이나 일체성non-duality 같은 개념들과 적절하게 연결합니다. 내가 말하고자 하는 것은 초월성과 일체성은 기초적이라는 것, 인간의 기본적 수준이며 우리 모두 이것에 익숙하다는 것, 사실상 이것은 여기서 언제나 계속되고 있다는 것입니다. 철학자들은 존재에 대해, 행위 주체에 대해 부적절한 개념을 제시해 왔습니다. 물질론 철학자들뿐만 아니라 영성적 철학자들도 일체성과 초월성에 대해 적절하게 해명하지 못했습니다.

이 이야기를 조금 더 해봅시다. 교육자로서 자기 교육자로서 우리의 목표는 (자신과 세계를 분리하는) 이자성duality, 二者性의 세계에서 우리 자신을 일체의 존재로 창조하는 것을 돕는, 존재와 창조와 협력의 인간 과정에서 당사자가 되는 것이라고 나는 주장하고자 합니다. 초월성에 대해 살펴봅시다. 관련된 것들 가운데에는 분명히 동일화 identification도 있습니다. 구별되는 두 가지 항들이 있습니다. 나와 당신이 있습니다. 또는 우리가 처해 있는 의식의 상태와 우리가 도달하고자 하는 의식의 상태가 있습니다. 사실상 이것들은 초월적 동일화의 매우 단순한 두 패러다임을 보여줍니다. 하나는 우리가 객체성에 대한 감각을 상실할 때의 것으로, 주체-객체 이원론에서 객체를 상실하고 우리 자신과의 하나가 될 뿐입니다. 우리 자신과의 하나 속으로, 창조적 에너지나 행복이나 만족이나 평화 등의 훌륭한 꾸러미 속으로 깊이 들어갑니다. 다른 하나는 우리가 주체에 대한 감각을 잃고 우리 자신의 외부의 것 속으로 완전히 들어가는 것입니다. 가령 우리가 그림에 몰두하거나 음악에 사로잡혔을 때 우리는 우리 자신과 객체들을 구별하는 감각을 잃게 됩니다.

여기서 특별한 것은 초월적 동일화가 인간의 모든 의사소통이나 행위에 필수적이라는 것입니다. 여러분이 나의 이야기를 어떤 수준에선가 이해한다는 단순한 의미로, 여러분이 나의 단어와 하나가 되지 않는다면 나는 여러분과 의사소통하고 있는 것이 아닙니다. 여러분이 "안녕하세요, 어떻게 지내세요"라고 말하고 다른 사람이 "안녕하세요, 어떻게 지내세요"라는 말을 이해한다면, 이 이해의 순간에 초월적 동일화가 있는 것입니다. 영화를 보고 있을 때 자신을 잃어버릴 만큼 집중해 영화에 몰두한다면 우리는 영화에서 분리되어 있다는 느낌을 잃게 됩니다. 우리가 신문을 읽고 있을 때 신문 속의 문장과 하나가 되지 않는다면 어떻게 그 문장을 이해할 수 있겠습니까? 이해할 수 없을 것입니다. 우리가 신문의 문장과 하나가 되기를 그치는 순간 그것을 읽고 있지 않는 것이고 듣고 있지 않는 것입니다. 우리는 행위와 완전히 하나가 됩니다. 그러므로 초월적 동일화 또는 주체와 객체 사이의 이원성을 깨뜨린다는 의미에서의 초월성은 우리가 사회적 삶의 모든 측면에서 친숙한 것입니다.

그러나 여기서 그치지 않습니다. 일체성은 의식 상태의 특징에 그치지 않습니다. 우리가 자동차를 운전할 때 어떻게 해야 하는지에 관해 의식하지 않고 그저 자연발생적으로 운전한다는 점을 생각해 보면 일체성은 행위의 특징입니다. 어떻게 운전해야 하는가, 어떻게 말해야 하는가를 자연발생적으로 알고 있기 때문에 우리는 그저 운전하고 말합니다. 우리는 그저 자연발생적으로 우리 자신을 표현합니다. 아기가 우리 곁에서 넘어졌을 때 우리는 그 일에 관해 생각하지 않고 그저 안아서 일으킵니다. 우리는 그저 일체적 방식으로 그렇게 합니다. 삶에서의 모든 것, 우리가 수행하는 모든 행위에는 한 가지 요소, 즉 일체성이라는 요소로 유지됩니다. 우리가 무엇인가를 건드릴 때 그 속에 있는 요소는 우리의 기본 상태 또는 그 상태와 일치하는 어떤 것입니다. 그래서 우리가 본질적으로 누구인지에 대해 우리는 모두 매우 잘 알고 있습니다. 그렇다면 초월에는 네 번째 측면이 있습니다. 초월의 네 번째 형태는 두 사람이 한 팀으로서, 분리되었다는 느낌이 전혀 들지 않을 만큼 완벽하게 작업할 때 볼 수 있습니다. 우리는 서로의 움직임을 예상하며 완벽하게 협력하는 요리사들, 축구 선수들, 크리켓 선수들을 볼 수 있습니다. 예컨대 음악 악단도 이런 상태에 있지 않다면 아무것도 만들어낼 수 없을 것입니다. 인도 거리에서 (이 점에 관해서라면 다른 곳들에서도) 실제 충돌 사고를 내는 사람들이 별로 없다는 사실에 기이하다고 생각한 적이 없습니까? 그렇게 많은 사람이 있는데도, 그렇게 혼잡한데도 어떻게 통행해야 할지 심각하게 고민하지 않습니다. 이것은 마술이라고 할 수 있습니다. 사람들이 서로 충돌하지 않도록 하는 동조성synchronicity이 있는 것입니다. 이것이 바로 우리가 무엇인가를 할 때 그 속에 있어야 하는 네 번째 종류의 초월적 일체의 상태입니다. 영성 철학자들이 그렇게 많이 이야기한 일체성의 상태는 우리에게 일상의 경험을 통해 매우 익숙한 것입니다.

여기서 일체성은 자연발생적이기 때문에 구조화된 것이 아니라고 생각하는 철학자들이 많습니다. 하지만 이것은 정확한 생각이 아닙니다. 예컨대 우리가 그림에 빠져 있을 때 그림과 우리의 통일은 당연히 구조화된 것입니다. 우리가 음악을 듣고 있을 때 이 음악은 전체론적 구조를 가지고 있으며 우리는 이 총체와 하나가 됩니다. 우리의 통일 개념, 하나됨oneness 개념은 극히 단순합니다. 하나됨은 점 형태puncti-form가 아닙니다. 하나의 점point이 아닙니다. 하나됨은 총체입니다. 우리가 하나됨과 하나가 될 때 이것은 전체와 전체입니다. 이것은 두 개의 맞물린 전체들입니다. 초월적 동일화에 이른다는 것은 총체에 들어가서 모두가 총체에 합류하는 것입니다. 자연이 얼마나 멋지고 아름답고 일치하고 동조적이고 일관되고 시의적절한지 생각해 봅시다. 초월적 통일은 점 형태가 아닌 분화된 총체들과 일치하는 데 그치지 않고, 아름다운 그림이나 음악을 감상하는 방식에 그치지 않고, 발전의 방식입니다. 그래서 우리는 확장하고 성장할 수 있다는 나의 두 번째 요점으로 이어집니다.

우리가 완벽하게 깨달았다고, 완벽하게 계몽되었다고 가정해 봅시다. 이것은 우리가 모든 숙련을 얻었다는 것을 의미하지는 않습니다. 우리에게 아무도 일본어를 가르쳐주지 않는다면 우리가 일본어를 어떻게 알 수 있다고 기대하겠습니까? 우리가 일본어를 배우기로 마음먹었다면 다른 사람들보다 더 빨리 배우거나 더 늦게 배울 것입니다. 그렇게 우리는 학습해서 일본어를 습득하고 이 숙련을 우리 자신과 통일합니다. 우리 자신에 대해 외부적인 이런 숙련을 우리 자신 속으로 구성하는 과정에서 우리는 항상 총체로 남아 있습니다. 이러한 새로운 발전을 우리 자신 속으로 새겨 넣고 재귀적으로 새겨 넣고 그렇게 확장합니다. 그렇게 우리는 일체적이고 성장하는 존재가 될 수 있습니다. 우리가 절대적인 것에 도달하면 그것이 끝이라고 항상 사람들은 생각해 왔습니다. 하지만 사실상 그 절대적인 것은 시작일 뿐이며 자유로운 발전, 성장, 확장은 아직 남아 있습니다. '나는 일체의 상태에 있다'는 이야기가 우리가 동일하다는 이야기가 아니라는 점을 인식하는 것이 중요합니다. 우리는 독특하게 차별화된 품성들을 지닐 수 있으며 이것은 교육에서 매우 중요합니다. 실제로 우리가 깨달음에 접근할 때 개인적 자아의 감각을 지니지 않기에 이런 점은 깨달은 존재에게 그다지 문제가 되지 않습니다. 하지만 각각의 화신 avatar(부처가 중생을 교화하기 위해 세상에 나타난 모습)은 가장 독특하게 정의된 존재이며, 각각의 부처는 각각 다르고, 모든 깨달은 존재는 독특하게 다르며, 우리가 창조적이고 비범할수록 더 확장적이고 독특하다는 것을 강조하고자 합니다. 그러나 우리는 우리의 독특함이 자아에서 유래한다고 인식하지 않기 때문에 우리의 독특함에 대한 감각을 느끼지 못합니다. 누군가가 진리를 '소유'할 수 있는 것 이상으로 우리가 우리의 독특함을 '소유'할 수는 없습니다. 우리의 독특함은 우주의 현시입니다. 우리는 우주가 스스로를 실현할 수 있는 바로 그 지점에 행복하게 도달할 특권을 가지고 있습니다.

정말로 중요한 점은 우리 각자가 기본 상태에서는 독특하다는 것입니다. 이런 독특함을 이해하고 차이를 존중하는 것은 내가 당신과 하나가 될 수 있기 때문에 일체성과 일치합니다. 우리가 어느 팀이 하키를 더 잘하는지에 관해 논쟁할 때 당신은 독일을 말하고 나는 네덜란드를 말할 수 있습니다. 우리는 상대방이 말하는 것을 이해합니다. 그러므로 우리는 논쟁의 조건으로 초월적 동일성을 가지고 있지만 당신은 당신의 관점을 나는 나의 관점을 가진 것입니다. 이런 방식으로 두 사람은 일체적일 수 있습니다. 한 사람은 예술가의 재능을, 다른 사람은 과학자의 재능을 가질 수 있습니다. 한 사람은 인도 사람으로서, 여성으로서, 마하라슈트라주° 주민으로서, 하키 선수로서 자신의 정체성을 가질 수 있고 존중할 수 있고 사랑할 수 있습니다. 다른 한 사람은 농구 선수로서, 유태인으로서 자신의 기량을 사랑할 수 있습니다. 그리고 이 두 사람 모두 일체적인 존재가 될 수 있습니다. 그래서 총체성과 일관되는 일체성, 발전과 일관되는 분화, 차이성 속의 동일성을 획득합니다.

인식해야 할 마지막 요점은 일체성 획득이 싸움의 종결을 의미하지 않는다는 것입니다. 최고의 전사는 상대와의 완전한 동일성을 가지고 상대를 완전히 이해합니다. 철학자로서 나는 (락슈미가 제안하듯) 우리가 학교 등에서의 전장에 나갈 수 있다는 것을 알고 있습니다. 하지만 철학자로서 나는 그릇되고 신비화된 믿음 체계에 대해 우리가 이 믿음 체계를 총체적으로 파악할 때까지는, 이것과 총체적으로 하나가 될 때까지는 진정으로 비판할 수 없다는 것을 알고 있습니다. 그래서 최고의 지휘자는 그 자신이 정찰을 실행하는 사람, 적을 완전히 이해하는 사람, 적과 완전히 하나가 되는 사람입니다. 그러나 그는 적

° 인도 중서부에 있는 주. 주도는 인도 최대의 도시 뭄바이다. _옮긴이 주.

과 하나가 되는 것에 그칠 수 없습니다. 그는 적과 맞서 싸우고 죽이고 제거해야 합니다. 우리는 다른 사람과 하나가 되지만, 반드시 그 사람에게 동의하기 위해서 또는 영구히 그 사람이 되기 위해서가 아니라 그 사람을 없애기 위해서 하나가 되는 것입니다. 그래서 우리는 우리 자신의 해방을 가로막는 장애, 제약, 방해를, 모든 곳에서 모든 사람과 모든 존재의 해방을 가로막는 장애, 제약, 방해를 이해해야 합니다. 우리는 이것들과 하나가 되어야 합니다. 이런 장애, 제약, 강제들을 제거하기 위해 우리는 이것들을 총체적으로 이해해야 합니다. 이것은 영성적인 존재는 전사이기도 하다는 의미지만, 그는 자신과의 평화 속에 있는 전사입니다. 이것은 아름다운 것입니다. 크리슈나Krishna*가 아르주나Arjuna**에게 "너 자신의 다르마, 네가 해야 하는 것을 거부하지 말라. 영혼이 영원하다는 것을 이해해야 한다. 너의 다르마는 너의 적을 죽이는 것이며, 너는 결과를 걱정하지 말고 너 자신의 행동에 집중하라"고 했을 때, 그는 우리가 신의 사람, 싸움의 인간이 될 수 있다고 말하는 것이었습니다. 이것이 우리가 해야 할 일입니다. 여기서 행동의 비상한 특징은 첫 번째 단계에서는 이 행동이 우주로부터의 선물이면서 동시에 신에 대한 또는 자연에 대한, 우리

---

* 힌두교 신화의 영웅신이자 인도의 대서사시 『마하바라다』의 주요 인물이다. _옮긴이 주.
** 『마하바라다』의 주인공이다. _옮긴이 주.

의 동료 인간에 대한, 우리가 사랑하는 모든 것에 대해 바치는 공물이라는 것입니다. 두 번째 단계에서 이것은 세계의 변형입니다. 세 번째 단계에서 이것은 투쟁, 즉 과정의 일부, 해방의 실천입니다.

이제 나는 마지막으로 이 모든 것이 우리의 기본 상태의, 그리고 이 속에서 우리의 연결성의 아주 아름다운 특징들 덕분에 진정으로 가능하다고 말하고자 합니다. 이것은 실질적인 의미에서, 즉 대부분의 사람들은 이해하기 매우 어려운 의미에서 나와 너는 정말로 다르지 않다는 것, 너는 실질적으로 나라는 것을 의미합니다. 확실히 인격체로서 너는 나와 다르지만, 또한 너는 내 안에 접혀 있습니다. 너는 나의 일부이고 나는 너의 일부이며, 그러므로 너의 아픔은 그만큼 나의 아픔입니다. 이런 사실을 완전히 이해할 때 나의 감수성은 너의 고통을 나의 고통으로 느낄 수 있는, 그리고 너의 부자유를 나의 부자유와 똑같은 정도의 나에 대한 저주와 병폐로 느낄 수 있는 수준으로 높아집니다. 그러므로 나는 모든 사람이 자유롭게 될 때까지 싸움을 멈출 수 없습니다. 이것이 우리의 이상입니다. 내가 자유롭게 될수록 나의 행위는 정확한 방향으로 움직입니다.

이 경험은 양날의 칼이라고 생각합니다. 한편으로 이 경험은 세계로 열린 창이며 우리는 이것으로부터 배웁니다. 그리고 우리가 배울 때 그리고 배우면서 동시에 우리는 버려야만 합니다. 이것은 꼭 이야기해야 하는 아주 특별한 것이지만, 참입니다. 우리가 무엇인가에 집착하는 한 누군가에 대해 나쁜 경험을 가지게 되고, 이것은 우리를 구속하고 방해하고 상처를 냅니다. 그렇다면 우리는 무엇을 해야 합니까? 우리가 소중한 보석 상자를 가지고 있는데 나쁜 경험이 구르는 바위처럼 우리에게 달려든다고 상상해 봅시다. 우리는 바위에서 보석을 뽑아내 보석 상자에 넣습니다. 보석은 학습이고 나머지는 버리는 것입니다. 누군가가 우리에게 끔찍한 짓을 했다고 가정하면 우리는 이 경험을 그저 버려야 합니다. 당연히 우리는 조심할 것이며 우리는 그 사람에 대해 생각할 것입니다. 사랑이 기본 상태의 품성이라고, 우리는 무조건적으로, 즉 대가를 바라지 않고 사랑해야 한다고, (어느 정도는) 사랑한다고 내가 말할 때 이것은 우리가 올라가서 모든 사람을 받아들여야 한다는 이야기가 아닙니다. 우리는 우리 가슴에 비수를 꽂는 누군가를 받아들일 수 없습니다. 그러므로 이것이 학습이고, 그 사람에게서 찾아내는 보석입니다. 우리가 가볍게 버리는 것은 우리에게 오는 모든 사람이 우리를 억압하거나 질식시키거나 학대하리라고는 생각하지 않는 것입니다. 때때로 뉴욕이나 런던에서 밤에 여성이 밖으로 외출하지 않는 것은 매우 현명한 일입니다. 끔찍한 상황이지만 매우 현명한 일입니다. 우리가 하는 일은 이것에서 배우는 것입니다. 우리는 모든 시간 동안 우리를 사로잡는 피해망상의 느낌을 가지지 않으며, 이것에 집착하지 않습니다. 우리는 그저 이것을 알고 있으며, 이것을 마음속에 세우고 버립니다. 우리는 자유롭습니다. 우리는 이것을 느끼고 그다음에 이런 행동을 필요하게 만드는 상황을 변화시키려고 노력합니다. 우리는 구르는 바위를 없애는 것이 아니라 모든 바위의 근원을 없애려고 노력합니다. 이것이 가르침이고 바위에서 우리가 뽑아낸, 우리에게 주어진 보석입니다. 삶에서의 모든 것은 일종의 행운입니다. 우리는 "고맙습니다. 네, 가르쳐주셔서 고맙습니다"라고 말해야 합니다. 이제 나는 런던의 브릭스톤 Brixton* 같은 동네에 갈 때 정말 조심하게 됩니다. 우리는 정말 조심하게 되고 뉴욕과 런던에서 여성들이 밤거리를 안전하게 걸을 수 있게 만들기 위해 노력하게 됩니다. 그 거리는 무섭습니다. 우리는 이것을 배우지만 이것에 우리 자신을 가두어두지 않습니다. 우리의 정신은 완전히 자유로워야 합니다. 참으로 우리의 정신 속에는 아무것도 없어야 합니다. 우리의 정신 속에 무엇인가 있다면 우리가 해야 할 일, 해야 할 최선의 일을 자유롭게 하지 못합니다. 우리는 배울 수 없습니다. 이것은 특별한 일이지만 우리가 정신 속에 무엇인가 가지고 있으면 배울 수 없습니다. 우리의 정신 속에 무엇인가가 고정되어 있다면, 우리의 정신 속에 실제 무엇인가가 자리하고 있다면 우리는 배울 수 없습니다. 학습의 순간에 우리의 정신은 백지상태 tabula rasa여야 합니다. 정신 속에 선입관이 자리하고 있다면, 어떤 고정된 것이

---

* 영국 런던의 동남쪽에 위치하며 치안이 불안정한 지역으로 알려져 있다. _옮긴이 주.

있다면, 어떤 집착이 있다면, 우리에게 고착되거나 우리의 눈을 멀게 하는 무엇인가가 있다면 배울 수 있는 사람으로서 우리를 구속하고 행위주체로서 우리를 감금합니다. 왜냐하면 우리는 고정된 생각 아래에서 행위하기 때문입니다. 더구나 이것은 우리를 늘 업보적으로 karmically 구속합니다. 우리가 이것을 몰아낼 때까지는 이것을 가지고 있어야 합니다. 그래서 결코 자유롭게 되지 못하고 변화의 자유로운 행위주체가 되지 못하기 때문에 이것은 우리를 구속합니다.

이것은 힘겨운 일입니다. 나는 전쟁과 싸움 그리고 평화 속의 우리 자신에 관해 이야기했습니다. 이것은 정말로 중요한 것입니다. 우리는 평화 속에 있습니다. 그러나 사실 (인도) 경전들에 있는,『바가바드기타Bhagavad Gita』*에 있는 모든 전쟁 이야기는 또 다른 전쟁입니다. 심지어 이슬람의 지하드jihad, 즉 성전의 개념조차 또 다른 전쟁입니다. 우리 자신이 평화로울 때, 우리 자신과의 평화 속에 있을 때 우리는 서로에 대해 평화 속에 있게 될 것입니다. 우리 자신과의 평화는 우리 자신으로부터 모든 쓰레기를 치우는 것을 의미합니다. 우리 자신에게서 쓰레기를 모두 치웠을 때 우리는 억압, 노예 상태, 부자유로 이어지는 보급선을 차단하게 됩니다. 사회세계의 모든 것들

---

* 고대 인도의 힌두교 경전의 하나. 『마하바라다』에 포함되어 있으며 '거룩한 신의 노래'라는 뜻이다. _옮긴이 주.

은 우리의 사랑과 창의력에 의지해 존속하며, 이것들 없이는 한순간도 존재할 수 없습니다. 그러나 억압도 실재합니다. 억압들은 실재하는 구조들이며 실재하는 체계들이지만, 우리는 억압들에 대한 보급선을 차단할 능력을 지니고 있습니다. 어려운 일이지만 우리는 이 일을 할 수 있습니다.

* * *

교육은 억압, 노예 상태, 부자유에 도전하는 실천이다. 이 장에 실린 짧은 강연록을 통해 바스카는 우리에게 특히 교육과 학습에 관한 통찰력을 제공해 준다.

제6장
—
교육 및 학습 이론에 관한 주석

교육 이론에 무엇이 필요한가? 교육 이론의 특성은 무엇인가? 교육 이론의 특징들은 무엇이며 특징들 사이의 관계는 어떠한가? 필자가 제1장에서 제시했듯이 이 특징들은 교육 과정을 이해하기 위한 언어, 교육 과정을 분석할 수 있는 (다양한 구성 요소들과 요소들 사이의 관계를 식별하고 분리하는) 능력, 존재론과 인식론 그리고 이것들 사이의 관계, 이 모든 것들을 교육 상황에 필요한 것을 규정하는 일관된 이론으로 통합하는 방식, 일련의 교육적 가치 등이다.

교육 이론은 다음과 같은 특징이 있다. 첫째는 인간의 발현적 능력, 행위 유도성affordances, 인간이 위치하고 있는 환경을 포함하는 인간에 관한 기본적인 규범적 전제다. 둘째는 인간과 환경 사이의 관계에 관한 기본적인 규범적 전제다. 셋째는 개인들과 그들이 위치한 환경 둘 모두에 관련한 지식, 학습, 변화/변형에 관한 기본적인 규범적 전제다. 넷째는 지식체, 숙련, 성향에 관해, 이 세 묶음의 전제들에 기초해 교육이 발전시켜야 하는 가치들을 포함하는 결론이다. 다섯째는 이런 전제들로부터의 추론, 그리고 적절한 교육학, 교과과정, 표현 및 표현 매체, 학습 환경에 관한 결론이다. 여섯째는 이런 믿음에서 나온 일련의 실천적 활동들의 확인이다.

바스카의 비판적 실재론은 첫째, "인식론과 구별되는 (하지만 궁극적으로는 인식론을 포함하는) 존재론의 재입증re-vindication"(Bhaskar and Lawton, 1998: ix), 둘째, 실재적 영역, 현실적 영역, 경험적 영역의 구별, 셋째, 세계에 존재하는 객체들과 발생기제들이 인과적 힘을 보유하고 있으며, 이 힘은 행사될 수도 있고 행사되지 않을 수도 있지만, 이것들에 대한 인간의 인식이나 알아내는 능력에 대해 독립적으로 존재한다는 믿음을 특징으로 한다. 바스카는 이것들에 더하여 앎이라는 (인간의 인식에 의존하는) 타동적 세계와 존재함이라는 (인간의 인식에 대해 독립적인) 자동적 세계를 구별한다. 사회세계는 층화되어 있으며, 상이한 수준들에 있는 기제들(이 기제들은 이것을 구성하는 더 기본적 수준의 요소들에서 발현하지만 그 요소들로 환원할 수 없다)을 통합한다. 이것은 객체들이 상호작용하는 발현적 속성을 가진다는 것, 이 결과로 객체들의 과거 조합에서 새로운 속성들이 창출되거나 발현한다는 것을 의미한다. 이것은 구조와 행위주체 사이의 관계가 존재론적 수준에서 핵심적인 (인식의) 틀 조정 장치framing device라는 것을 의미한다. 나아가 모든 관찰적 또는 경험적 진술은 특정한 일련의 개념적 관계로 조정된다는 것, 즉 모든 관찰적 또는 이론적 진술은 어떤 의미에서 이론-적재적이라는 것을 의미한다. 결과적으로 세계에 대한 서술은 어느 것이든 특정한 일련의 개념적 관계들 안에서 설명적이며 이 관계들에 대해 잠재적으로 변형적이다. 간단히 말해 교육 과정은 개방체계에서 진행된다.

로이 내시Roy Nash는 비판적 실재론의 세 가지 핵심 요소를 찾아냈다(Nash, 2005). 첫째는 경험세계가 사회세계의 총체성을 구성할 수 없다는 것이다. 둘째는 "실재적 영역은 현실적 영역보다 더 광범하다"라는 것이다(Nash, 2005: 187). 셋째는 사회세계가 층화되어 있고, 상이한 수준에 있는 기제들로 구성되어 있으며, 이 기제들의 요소들은 이것을 발현시킨 수준의 요소들로 환원할 수 없다는 것이다. 더하여 실체들은 활성화될 수도 있고 활성화되지 않을 수도 있는 인과적 힘을 지니고 있다. 따라서 구조적 형태를 배제한 채 행위자들의 의도와 믿음만을 고려하거나 반대로 행위자의 의도와 믿음을 배제한 채 구조적 속성만을 고려해서는 사회적 사건들과 과정들을 충실하게 설명할 수 없다. 행위자와 구조 둘 모두 실재하는 인과적 힘을 보유한다. 이런 존재론적 입장은 부분적으로 사회적 과정에 대한 실재론의 설명을 경험론적·관념론적 설명과 구별하게끔 하는, 그리고 참으로 방법론적 개인주의와 구별하게끔 하는 특징이다.

바스카는 이것을 다음과 같이 설명했다.

① 현상들(즉, 경험 속에서 개념화되는 사회적 활동들)이 발생하는 조건들은 자동적으로 존재한다. 그러므로 조건들은 이것에 대한 적절한 개념화에 대해 독립적으로 존재할 것이다. 그리고 그 자체로 역사적 변혁의 인식되지 않은 가능성의 지배를 받을 것이다.

② 현상들 자체는 허위이거나 중요한 의미에서 부적절할 수 있다(예컨대 피상적이거나 체계적으로 오도적일 수 있다)(Bhaskar, 1998: 231).

이것은 세 가지 함의를 가진다. 첫째는 현상에 대한 적절한 또는 심지어 부적절한 개념화가 일련의 적절한 조건이 주어지면 이 현상에 영향을 미치고 변화시킬 수 있다는 것, 이 개념화에는 현상에 대한 연구자나 다른 유형의 관찰자의 후속의 개념화도 포함된다는 것이다. 이것에서 나아가 둘째는 게임 참가자들이 의도적이고 의식적으로 하지만 어떤 상황에서는 무의식적으로, 이러한 존재의 조건에 대해 자신들이 이 조건을 이해하는 대로 대응함으로써 이로움을 얻고자 할 것이며, 이 과정에서 (특히 참가자들이 외적 구조들과 행위의 구조들에 연결되기 때문에) 이러한 존재의 조건을 변화시킨다는 것이다.

끝으로 셋째는 이런 개념화들은 기존의 권력 구조들에 의해 뒷받침되는데 이 권력 구조들은 이런 개념화의 진리성이나 그 반대의 것에서 독립해 작동한다. 다시 말해 진술의 진실성과 사회에서 이 진술의 영향력 사이에는 직접적인 관계가 없다. 사회에서는 진실하지 않은 관념도 진실한 관념도 모두 똑같은 정도의 영향력을 행사할 가능성이 있다. 부분적으로 이것은 (앎이라는) 타동적 세계가 끊임없이 유동적인 상태에 있고 그러므로 진실한 관념이기 때문이며, 진실한 관념이 (존재함이라는) 자동적 세계와 논리적으로 어떤 관계를 가질 수밖에 없고 급속하게 낡은 것이 되거나 적어도 두 세계가 항상 일치하는 것은 아니기 때문이다. 이런 존재의 이론 안에 암묵적인 학습이론이 자리하고 있다.

바스카의 학습이론에는 다음의 요소들이 있다. 기본적 비판실재론에서는 학습에 관해 믿음의 발전이라는 측면에서 매우 많은 것을 이야기한다. 변증법적 비판실재론에 이르면 학습을 행위의 모든 요소들을 포함하는 것으로 이해한다. 따라서 가치 수준에서의 학습, 필요 수준에서의 학습, 더 일반적으로 존재 수준에서의 학습이 있다. 『메타실재의 철학』에서 바스카는 접힌 것의 펼침이라고 명명한 학습 모델을 제시했다. 접힌 것의 펼침 모델은 학습을 외부의 어떤 것에 대한 학습이 아니라 인간이 지니고 있는 내재적인 잠재력의 펼침으로 이해한다. 물론 외부적인 것도 매우 중요하다. 교사는 촉매다. 교사는 펼침의 과정이 일어날 수 있는 조건과 수단을 제공한다. 그러나 강조점은 사람이 처음부터 무한한 잠재력을 지니고 있다고 보는 것으로 바뀐다. 삶에서 일어나는 일은 사람들이 자신의 잠재력의 일부를 실현하거나 실현하지 못하는 것이다. 다른 것들은 대부분 무시되거나 호출되지 않는다.

하지만 외부적 요소들에 충분한 주의를 기울이지 않는다면 접힌 것의 펼침 모델도 일면적인 모델이 될 것이다. 접힌 것의 펼침 모델은 다섯 요소를 가지고 있다. 창조성의 순환, 구애의 순환, 구성의 단계, 완성의 단계, 마지막으로 반성의 순환이다. 이것은 교사의 중요성을 부인하거나 촉매의 역할을 부인하는 말이 아니다. 지식은 학습하는 사람이 발전시키고자 노력하는 어떤 것이다. 지식은 항상 학습하는 사람보다 먼저 존재하며, 지식과 학습은 존재함에 대한 모든 이론에서 중심적이다.

지식

교육에 대한 바스카의 메타-이론은 일련의 인식론적·존재론적 교훈을 포함한다. 여기에는 지식-구성의 사회적 차원이 있지만 (그 세계를 서술하는 방식에서 분리된) 세계에 대한 준거를 범주적으로 배제하지는 않는다. 개념적 틀 조정과 일련의 서술 어구들은 이것들을 사용하는 특정 순간의 세계나 실재에 의해 중요한 방식으로 안내되고 제약되고 가능하게 된다. 그리고 차례로 존재론적 영역의 모양과 형식은 발전되고 있는 지식 유형들의 영향을 받는다. 우리의 개념적 틀,

세계에 대한 전망, 서술적 언어는 우리가 실재라고 부르고 있는 것에 미리 도식화된pre-schematised 세계를 생각하는 것이 불가능할 정도까지 침투한다(Putnam, 2004 참조). 그러나 이것이 세계의 구조들에 대한 간접적으로 생각한 준거를 배제하지는 않는다. 세계에 대한 지식은 저기 밖의 세계에 있는 것의 (일련의 사실들로 표현된) 단순한 재현이 될 수 없다. 왜냐하면 세계는 인간이 그 세계를 이해하기 위해 발전시켜 온 매개 도구들에서 완전히 분리되어 있지 않기 때문이다. 결과적으로 지식을, 그리고 지식의 분화를 본질화하지 않는 것, 그러므로 지식의 발전에 내재한 타동성을 몰각하지 않는 것이 중요하다(Bhaskar, 2010 참조). 마지막으로 모든 지식주장은 이성의 공간space of reasons 안에 위치시켜야 한다(Brandom, 2007 참조). 이것은 지식주장이 담론 특수적인 것이며, 시간과 장소에서 그 주장에 선행하는 개념적 틀 안에 자리 잡고 있다는 것이고, 미래의 사용에 대해 함의를 지닌다는 것을 의미한다. 이런 교훈은 비판적 실재론자들이 세계에 관한 자료를 모으는 데 사용하는 전략과 방법에 관해 선택하는 데 영향을 미친다.

비판적 실재론의 방법론의 핵심 요소 중에 하나는 독특하고 특수한 인과성 개념이다. 이런 발생적 인과관계 이론에 대한 믿음은 행위의 이유를 원인으로 해석할 수 있다는 믿음을 포함한다. 비판적 실재론자들은 연속적 인과이론과 발생적 인과이론을 구별한다(Bhaskar, 1998, 2010). 연속적 인과이론가들은 흄이 주장하는 사건들의 시공간적 인접성, 연속성과 규칙적 결합으로서 인과성 개념을 따라[Hume, 2000(1738)] 인과관계는 관찰할 수 없다고 주장한다. 연구자들은 사건들의 연속적 발생은 관찰할 수 있지만, 사건들을 연결하는 인과기제를 이해하고 기록할 수는 없다. 따라서 인과관계는 외부적이고 관찰 불가능하며, 핵심은 인과관계와 가짜 연관을 구별하는 것이다. 발생적 인과이론은 다르다. 인과적 작용은 내부적으로뿐만 아니라 외부적으로도 일어나며, 이 작용은 현상의 변형적 잠재력을 서술한다. 이 이론은 인과성을 객체들의 경향으로 이해한다. 이것은 조건에 따라 실현될 수도 있고 실현되지 않을 수도 있다. 이것은 사회·교육 연구자가 어떻게 행동해야 하는지에 대해, 현재의 교육 환경에 대한 서술을 미래 상황에 관한 예측 근거로 사용할 수 있는지 여부에 영향을 미친다.

존재론적 차원에서 실재는 층화되어 있으며, 사람들을 포함한 객체들의 속성들은 발현적이다. 비판적 실재론자들이 가장 자주 인용하는 것은 실재적 영역, 현실적 영역, 경험적 영역의 구분이다. 현실적인 것은 구체적인 역사적 맥락 속의 사물들과 사건들을 가리키는데, 인간들은 이 중 일부만을 경험하거나 알 수 있다. 경험적인 것은 현실적인 것과 관련되는데, 사람들은 세계에서 일어나는 현상들 가운데 일부만을 경험한다. 현실적인 것과 경험적인 것 모두 **실재하는** 것이며 결과적으로 세 번째 영역, 즉 실재적 영역의 일부다. 그러나 실재적인 것의 영역에는 객체들의 **구조들**, 예컨대 어떤 객체의 구성 부분들 사이의 관계와 이러한 구성이 만들어내는 **발현적 속성들**이 포함된다. 이러한 구조들의 힘이 행사될 때 특정한 결과를 낳을 것이므로 우리는 이것들을 발생기제라고 서술할 수 있다.

(종종 비판실재론적 메타이론이라고 부르는) 메타이론은 전략과 방법의 수준에서는 일련의 단계들이나 행위-묶음들로 이해할 수 있다 (Bhaskar, 1998 참조). 첫 번째는 자연적이고 사회적인 객체들이 가진 경향들의 표현으로서 인과법칙을 추론하고 분석하는 과정이 필요하다. 두 번째는 일정한 맥락 속에서 발생하는 구체적인 사건을 이것의 구성 요소들로 분해한다. 세 번째는 이 구성 요소들을 이론적으로 중요한 방식으로 재서술한다. 네 번째는 역행추론적 움직임이나 사건의 구성들에 대한 서술에서 사건을 만들어내는 것에 관한, 또는 사건의 조건에 관한 설명의 제안으로 나아간다. 다섯 번째는 대안적인 가능한 설명들을 검토해 제외한다. 여섯 번째는 설명적으로 중요한 설명을 찾아낸다. 일곱 번째는 먼저 제안된 설명들을 이 시점에서 완성한 분석에 비추어 정정한다. 끝으로 여덟 번째는 이러한 후속 설명들의 매개 변수들과 이 변수들이 세계에 대한 존재론 및 인식론과 어떻게 관련되는지를 설명할 필요가 있다.

이러한 과정들을 이해하기 위해서는 기제들을 현실화할 수 있도록 실험적 활동을 신중하게 진행해야 한다. 실험 활동에서 연구자들은 세 영역이 일치하는 상황을 만들어낸다. 바스카는 다음과 같이 주장했다.

> 우리는 과학에서 세 국면으로 이루어지는 발전 도식을 제시한다. 여기서는 과학이 지속적인 변증법 속에서 현상(또는 일련의 현상들)을 판별하고, 이 현상에 대한 설명을 고안하고 만들고, 이 설명을 실험적으로 시험하며, 작동하는 발생기제들의 식별로 나아간다. 그러면 이 발생기제들은 다시 설명해야 하는 현상들이 된다. 과학에 대한 이런 견해에서 핵심은 어느 한 수준에서 드러난 현상에서 이 현상을 발생시키는 구조들로 나아가는 움직임에 자리하고 있다(Bhaskar, 1998: 4).

이런 과학적 탐구의 과정은 자연과학에 더 분명하게 적용되지만 자연과학과 사회과학 사이의 방법의 통일은 가능하며 바람직하다고 바스카는 지적한다. 연구 목적이 관찰 가능한 현상들 사이에서의 규칙성을 설명하는 것이라면, 과제는 규칙성을 만들어내는 기제들과 구조들을 찾아내는 것이다. 이 기제들과 구조들에 인간 의식이 즉각 접근할 수는 없다. 그러므로 과정의 첫 단계는 관찰 가능한 것에서 얻은 증거를 활용해 이것들에 대해 가능한 모델을 구성하는 것이다. 이러한 모델구성은 현상을 인과적으로 설명하려는, 즉 이러한 기제들과 구조들이 (문제의 현상을 발생시키는) 인과적 속성들을 보유하고 있음을 보이려는 시도다. 다음 단계는 모델을 시험하는 것이다. 시험이 성공하면 연구자는 이러한 기제들과 구조들의 존재를 믿을 수 있거나 적어도 믿을 수 있다는 충분한 근거를 확보하게 된다. 이러한 기제들과 구조들의 존재를 확인할 수 있을 만큼 전체적인 과정을 되풀이할 수 있다. 분명히 이러한 방법의 실행 가능성은 정교한 종류의 것이지만 실재론에 대한 믿음에 의존한다. 또한 관찰 불가능한 실체들을 포함하는 실재의 개념화에 의존한다. 이러한 기제들과 구조들의 존재는 실험적 활동과 시험의 복잡한 과정을 통해 추론된다.

존재론

교육 연구에 대한 순진한 실재론적 접근의 옹호자들은 객체에 대한 지식이 (객체의) 존재론적 상태를 반영하거나 재현하거나 그 상태와 상응한다고 주장한다. 존재론적 상태는 객체를 서술하거나 객체에 관해 이론화하거나 지식을 만드는 방식으로부터 분리되어 존재하기 때문에 '실재적인 것'으로 특징지어진다. 이들이 하는 주장의 요점은 객체에 대한 서술이 이루어지지 않았더라도 그것은 객체로서 존재하리라는 것이다. 이것이 순진한 실재론의 핵심이다. 그러나 비판적 실재론자들은 이것에 더하여 또 다른 것, 즉 인식론적 상대주의를 제안하면서 동시에 우리가 그 실재에 관한 참인 그러나 오류 가능한 진술을 만들 수 있다는 생각을 포기하지 않는다. 바스카는 다음과 같이 표현했다.

> 그러나 이론들 사이의 관계가 단순하게 차이가 아니라 갈등의 관계라면 이것은 그 이론들이 **동일한 세계**에 대한 대안적인 설명들이라는 것을 전제하는 것이다. 한 이론이 그것의 서술 측면에서 다른 이론이 그러한 것보다 더 중요한 현상을 설명할 수 있다면 이론 선택의 합리적 기준이 있는 것이며 시간의 경과에 따라 과학적 발전을 한다는 생각에 한층 더 유력한 실증적 의미가 있는 것이다. 이러한 종류의 방식으로 비판적 실재론은 존재론적 (심층)실재론, 인식론적 상대주의, 판단적 합리성을 결합하고 조화할 수 있다고 주장한다(Bhaskar, 1998: xi, 강조는 원문).

이것들 가운데 가장 중요한 것은 바스카가 제3장에서 밝혔듯 존재론적 실재론이다. 세계에 관한 이론들은 사회적으로 생산되지만(인식론적 상대주의), 이것이 경쟁하는 이론들 사이에서 어느 이론이 더 타당한지를 판단할 수 있는 가능성을 배제하는 것은 아니며 배제할 수 있는 것도 아니다. 예컨대 바스카는 "우리가 어떤 행위를 해야 한다면 (어떤 영역에 관한) 이 믿음이 아니라 저 믿음을 선호하는 근거가

분명히 있어야 한다"라고 주장했다(Bhaskar, 1998: 236). 이것은 지금
의 상황과 관련해 T_c가 적합한 한에서 왜 이것이 T_d, T_e, … T_n보다
더 나은지에 관한 이유를 찾지 못한다면 세계에서의 모든 행위는 자
의적인 것임을 시사한다.

바스카는 이론의 적합성을 판정하는 두 묶음의 기준을 제시했다.

한 이론 T_c가 그것의 서술 아래서, 다른 이론 T_d가 그것의 서술 아
래서 설명할 수 있는 거의 모든 현상들에 더하여 T_d는 설명하지 못
하는 어떤 중요한 현상들까지 설명할 수 있다면, 비록 두 이론이 공
약 불가능하다고 해도 우리는 간단히 T_c보다 T_d를 선호할 수 있다
(Bhaskar, 1989: 15, 강조는 원문).

바스카의 이런 설명은 그것의 평면적 존재론 때문에 비판받아 왔
다. 그러나 그는 이전에 경쟁하는 두 이론들의 타당성을 판단하는,
실재의 층화성을 고려한 수단을 판별했다. 바스카의 이 설명은 더 종
합적이며, 이론 T_c가 다른 이론 T_d보다 우월하다고 진술하고 있다.

실재의 더욱 심층적인 수준을 판별하고 그리고/또는 서술하고 그
리고/또는 설명할 수 있다면, 그리고/또는 새로운 질서의 인식적(설
명적 그리고/또는 분류적) 통합을 성취할 수 있다면, 또는 적어도 그

렇게 할 수 있다는 근거가 있는 약속을 보여준다면(……)(Bhaskar,
1998: 82).

바스카는 T$_c$가 T$_d$보다 외부의 실재를 더 적절하게 재현하고, 그
리고/또는 외부에 실재에 대해 더 설득력 있는 해명을 더 잘 제공할
수 있기 때문에 더 우월한 이론이라고, 더하여 T$_c$가 더 일관성이 있
기 때문에 더 우월하다고 제시하고 있다. 그러므로 우리는 메타-이론
은 존재론적 (심층)실재론, 인식론적 상대주의, 판단적 합리성의 요소
들을 가져야 하며, 이 메타-이론은 내부적으로 모순되지 않아야 한다
고 주장할 수 있다.

학습

학습에서의 기초주의에 대한 고전적이거나 시범적인 개념화에 따
르면 교육적 명제의 진리성에 대한 정당화는 어느 것이든 당장의 문
제에 관한 후속의 진술들을 뒷받침하는, 그리고 전제에서 결론으로
나아가는 연구자의 적절한 추론을 뒷받침하는 기본 원칙을 확인하는
것에 달려 있다. 이러한 기본 원칙이나 믿음이 기초적인 원칙으로 인
정받으려면 자명한 것이어야 하며 그 이상의 정당화를 필요로 하지
않는 것이어야 한다.

그러므로 이 강력한 기초주의적 견해는 (지각장치에 결함이 있는 사람들이나 인식할 수 없는) 자명한 진리를 찾아내는 과정을 포함한다. 이 진리를 옹호하는 사람들이 분별력에 결함이 있다고 간주되는 사람들을 배제하기로 하는 경우를 제외하고는 이러한 근본적이고 자명한 진리는 논쟁, 발전, 동의의 대상이 되지 않는다. 문자 그대로 이 진리는 정상적인 사람에게 스스로를 제시하고 기본 구조의 구축에 사용할 수 있는 수단을 제공한다.

실질적인 기초주의에 중심적인 이러한 본래적으로 신뢰할 수 있는 믿음에는 세 가지 유형이 있다. 첫째 유형은 인지-인상주의cognitive-impressionism다. 어떤 관념이 사람들의 의식에 그 사람들이 의심할 수 없는 강력함과 확신을 가질 수 있게 스스로를 각인한다면 이 관념은 정확하다고 제시한다. 이런 이유로 어떤 관념에 대해 참이라고 주장하는 것은 확실히 합리적이다(본질적으로 심리학적인 설명이다). 그렇지만 검토해 보면 사람들이 이 관념이 아니라 저 관념을 선호하는 것은 통상적으로 보편적이지 않은 기준이나 주관적 선호에 기초한 것으로 드러나기 때문에 이 설명이 크게 확실하지는 않다. 어째서 우리가 어떤 사람이 관념을 수용하는 방식을 이유로 그 사람의 관념이 참이라고 인정해야 하는가? 어째서 한 관념이 다른 관념보다 나은지에 관해 더 설득력 있는 이유가 필요하다.

둘째 유형은 인지-보편성cognitive-universality이다. 실재 또는 물자체를 알 수는 없지만 근본적인 의미에서 작동하는 정신이 객체를 파악할 수 있는 구조적인 기제를 제공한다고 제시한다. 이 유형은 정신 작동의 보편성을 제시한다. 그러므로 구조들의 다수성, 알려진 객체들의 다수성, 동일한 객체에 대한 상이한 개념화의 다수성을 배제한다. 이러한 신칸트주의적 접근은 세계의 범주들이 지각을 지닌 모든 사람에게 주어지며 그러므로 버려지거나 포기될 수 없다고 상정한다. 이 범주들은 사람들이 세계에 접근하는 방식에 본질적이며, 이것들에 대해서는 그 이상의 정당화가 필요하지 않기 때문에 기초적이다. 이것들은 논증에서 종착점이다. 이런 접근의 약한 형태는 사회적 삶의 한 측면, 즉 현존하는 행위의 형식들, 또는 사람들이 현재 물질세계에 접근하는 방식, 또는 사람들이 지금 논리적 형식을 어떻게 해석하는지에 대한 생각 등에 초점을 맞출 것이다. 그리고 옹호자들은 이런 것들이 주어져 있으며, 그러므로 사람의 본질, 또는 사람이 실재에 어떻게 접근하는지의 본질, 또는 담론에서 사용하는 본질적인 논리적 형식을 구성한다고 주장할 수 있다. 이것들은 사람들이 신봉하는 신념에 대한 정당화의 연쇄에서 종착점 역할을 하기 때문에 기초적이다.

셋째 유형은 **형이상학적**metaphysical이며, 따라서 초월적 본질주의와 존재론적 본질주의를 가리킨다. 이 두 가지는 모두 인식적 함의를 가진다. 앞의 것, 즉 초월적 본질주의는 믿음을 위한 권위가 비非물질적 기초에 의지하기 때문에 초물질적인 것extra-material이다. 또는 적어도 이런 믿음을 위한 권위의 원천이, 이것에 대한 정당화의 종착점으로서 초물질적이고 초월적인 존재에서 정점에 도달하는 일련의 추론에 자리하고 있다. 뒤의 것, 존재론적 본질주의는 존재론적이며 그러므로 형이상학적 믿음에 대한 고전적 정의에 들어맞는다. 바스카(Bhaskar, 2008), 바스카와 노리(Bhaskar and Norrie, 1998)의 후기 철학은 이런 측면에서 가장 적절하다. 호스테틀러와 노리(Hostettler and Norrie, 2003)가 지적하듯이 윤리 이론이 인간 본질에 대한 몰역사적a-historical 개념화에 근거한다면, 윤리 이론은 존재론적 의미에서 기초주의적일 수밖에 없기 때문이다. 나아가 객체들이 특정한 본질들을 가지고 있기 때문에 바로 이러한 본질들이 해당 객체들에 대해 알아내는 수단의 선택을 추동한다. 이것은 단일의 인식론, 즉 세계에 존재하거나 실질을 가진 모든 상이한 형태의 객체들을 다룰 수 있는 방법을 찾아낼 수 있다는 이야기가 아니다. 정확한 인식론은, 상이한 사회적 객체들은 상이하게 구성되어 있기 때문에 이 객체들을 파악하기에 적절한 상이한 방법들이 있다는 생각을 포함한다는 것을 의미하며, 또한 논리적으로 그것을 의미한다는 것이다. 이것은 형태를 가진 제도적이거나 체계적인 객체들뿐만 아니라 담론적 객체들에게도 적용된다. 그 까닭은 담론적 객체도 존재론적 실재이며 인과적으로 효력을 행사하기 때문이다.

세계에 대한 지식(인식론)이 외부의 실재(존재론)를 정확하게 반영할 수 있는 한 인식론은 기초주의적 작업으로 이해된다. 지식을 외부 세계의 표상으로 이해한다면 인상의 명확성이나 강력함은, 예컨대 확실성을 높인다는 주장은 오로지 표상 모델 안에서만 작동한다. 표상 모델은 외부 세계에 대한 그림을 수동적으로 받아들이는 것, 그리고 정신의 계산 모델computational model of mind에 적합한 것으로 색칠한다.

정신에 대한 계산적 또는 기호-처리적 견해는 학습(사회적 행위자가 외부 세계에 대한 접근을 획득하는 과정)을 세계에 관한 부호화된 명확한 정보를 입력하고, 그다음에 컴퓨터가 자료를 가공하는 것과 같은 방식으로 정보를 정렬하고, 저장하고, 검색하고, 관리하는 것으로 이해한다. 정신은 백지상태의 빈 화면이다. 이 장치에 정보가 입력되고, 입력된 정보는 세계에 관한 사전에 소화된 사실들로 구성되어 세계가 작동하는 방식 위에 지도로 그려진다. 학습 행위 속에서 정신은 정보를 처리하고, 새로운 정보를 이미 보유하고 있는 사실들과 이론들의 저장소에 소화 흡수시키고, 그다음에 새 정보에 비추어 기존의 세계관을 조정한다. 학습을 기계적 과정으로 보는 이 견해는 학습에서 학습자의 해석이 수행하는 역할을 빈약하게 취급한다. 이 견해는 해석을 개인의 사고방식mind-set이 진행하는 새로운 정보의 소화 흡수 및 후속의 재정식화로 축소한다. 이 견해는 개인을 세계가 작동하는 방식에 대한 수동적인 반영자로 취급하며, 세계에 대한 정확하거나 부정확한 견해를 이러한 처리 과정 수행에서의 효율성의 함수로 이해한다.

기호-처리 접근의 옹호자들은 학습자와 환경이 분리되어 구성된 것으로 취급한다. 학습은 사람들이 각자의 감각기관을 통해 받아들인 정보를 처리하고, 정보를 소화 흡수하고, 새로운 이해 방식을 창조할 때 사람들의 정신 안에서 일어난다는 것이다. 이 접근은 경험주의 철학 이론에 기원을 두고 있다. 경험주의는 세계를 개인의 정신에 주어진 것, 개인의 정신이 수동적으로 받아들이는 것으로 이해한다. 경험주의는 실재에서 언어를, 신체에서 정신을, 사회에서 개인을 분리한다(Bredo, 1999 참조).

이것들 중 첫 번째인 실재에서 언어의 분리는 오래된 철학 계보를 가지고 있다. 해킹(Hacking, 1981)은 과학에 대한 전통적인 생각, 즉 경험주의에 기초한 생각은 다음의 방식으로 이해할 수 있다고 제시한다. 저기 밖에 실재 세계가 존재하며, 그 세계는 관찰자가 그 시간에 그것을 관찰하고 있는지 여부 또는 그것을 그 자체로 서술하고 있는지와 관계없이 존재한다. 더하여 그 세계를 서술하는 정확한 방식이 있다. 과학적 이론들은 세계에 대한 상식적 이해보다 우월하다. 과학은 지식의 축적으로 작동한다. 과학은 세계에 대한 이전의 이해들 위에 건설되며 그 이해들을 향상시킨다. 궁극적 목적은 자연세계와 사회세계 모두에 대한 완전한 이해를 제공하는 것이다. 과학은 관찰과 이론을 구분한다. 관찰적 진술은 이론을 결여하고 있다. 이것은 관찰자가 가진 믿음 체계에 관계없이 수집할 수 있는 사실들이 세계에 있다는 생각으로 이어진다. 해석과 이론-구성은 이차적 작업이며, 세계에 관한 사실의 축적으로부터 나오며, 사실의 축적에 선행하지 않는다. 연구 수행의 정확한 방법은 자료 수집 단계에 앞서 발전된 가설들을 시험하는 것이다. 언어는 투명한 매체로 취급된다. 즉, 단어들은 고정된 의미를 지니며 개념들은 모호하지 않게 정의될 수 있다. (개념 형성, 자료 수집, 자료 분석 절차를 포함하는) 진실한 진술을 어떻게 만드는가와 그 진술들을 어떻게 정당화하는가는 통상적으로 구분된다. 각각에는 상이한 기준이 적합하다고 생각한다. 끝으로 자연과학에 적합한 방법은 사회과학에도 똑같이 적합하다고 주장한다.

여기서 유래하는 연구 과정은 다음의 네 가지 안내 원리로 뒷받침된다. 연구는 확정적이며(알아낼 수 있는 확실한 진리가 있다), 합리적이며(모순되는 설명이나 심지어 대안적인 설명은 없다), 몰개인적이고(더 객관적이고 덜 주관적일수록 더 좋다), 예측적이다(연구는 그것을 기초로 예측을 제시하고 사건들과 현상들을 통제할 수 있는 일반화된 형식의 지식주장을 만드는 것이다). 연구자들은 자신들에게 실재에 대한 접근을 허용하는 미리 특정된 경로나 규약protocol을 따른다. 탐구의 유일한 영역은 경험적 영역이다. 그러므로 경험적 검증 가능성은 다양한 종류들에 대한 측정을 통해 성취된다. 인과성은 함께 변화하는 변수들covariant variables 사이의 연관성에 기초한다. 따라서 인과기제들은 미리 정의된 변수들 사이에서 확인된 연관관계나 상관관계로 축소된다. 연구자들은 (교육 현상이 그 안에서 작동하는 개방체계가 아니라 폐쇄체계에 더 적합한) 실험설계와 준실험설계를 사용해 특정 변수들을 고립시킴으로써 실재를 통제한다. 가능한 한 많은 원인-변수들이 결과-변수와 상관관계가 없음을 보여줄 수 있다면, 연구자는 고립시키지 않은 원인-변수와 결과-변수 사이에 자신들이 확인한 관계를 더욱 신뢰할 수 있다. 그리고 단순한 연관관계 이상의 인과관계를 주장할 수 있게 된다. 연구 설계, 개념화, 조작, 자료 수집, 코딩, 입력·분석, 그다음에 인과적 결론의 형식을 가지는 연구 모델을 산출한다. 그리고 외부 세계에 접근, 기존 개념 도식 속에 투입되는 감각 자극의 수용, 선택/협상/재배치 등의 처리 과정을 통한 외부 자극들의 소화 흡수, 새로운 개념적 틀의 창조 과정으로 구성되는 학습 모델을 산출한다.

앞의 언급에서 가장 중요한 점은 세계에 관한 연구자가 지닌 가치 가정에서 자유로운 사실들을 수집할 수 있다는 생각이다. 이 사실들은 세계에 관한 명확하고 진실된 진술을 구성한다. 또한 학습은 무엇이 사실들인지를 발견하고, 사실들을 설명하기에 적합한 모델들을 발전시키는 것으로 이루어진다. 그러나 실재에 대한 충실한 재현은 세계가 언어로 고정되어 있으며 언어는 투명한 매체로 활동한다는 것을 함축한다. 바스카에 따르면 재현적 실재론의 견해는 사람들이 자신들의 환경으로부터 받는 자극과 관련해 어떻게 행위하는지의 과정을 그릇되게 보여준다.

인지에 대한 기호-처리 접근은 정신과 몸 사이의 또 다른 이원론을 제안한다. 정신과 몸의 분리는 학습과 인지를 정신 속에 위치시키며, 정신이 신체적인 감각 정보로부터 수동적으로 받아들이는 것으로 제시한다. 정신은 육체적인 몸에서, 몸이 위치하고 있는 환경에서 분리된 것으로 간주된다. 학습은 환경에서 정보를 획득하는 수동적 과정으로 이해된다. 그러므로 인지에 대한 이 견해는 교육과 학습에 대한 훈육적 접근didactic approaches을 지지한다. 상황인지론자들situated-cognitionists은 학습이 환경과의 긴밀하고 상호작용적인 접촉을 포함하며, 개인에 대한 더 깊은 이해에 기여하고 환경 자체를 변화시키거나 변형시킨다고 주장한다. 지식은 환경과 관련된 사실들의 수동적인 통일체가 아니라 의미를 재구성하는 상호작용 과정으로 이해된다.

마지막으로 기호-처리 접근에 대해 비판자들이 문제로 제시해 온 세 번째 이원론을 식별하는 것이 중요하다. 이것은 사회에서 개인의 분리다. 개인적인 것과 사회적인 것의 구분은 인지에 대한 기호-처리 견해에 중심적인 것인데, 개인의 정신 활동을 사람들의 공동체들에 의한 지식 구축에서 분리한다. 이 때문에 이것은 불완전한 학습 이론으로 남아 있으며 지식 구축에 대한 부분적 관점을 제시한다. 학습에 대한 기호-처리적 또는 계산적 관점은 사회 속에 위치하거나 자리 잡은 문화적 측면들을 강조하는 학습이론과 비교할 수 있다. 그러므로 학습이나 인식 해석에 대한 기호-처리적 또는 계산적 모델은 인식론적 사안과 존재론적 사안 사이의 관계에 대한 설명으로 결함이 있다.

기호-처리적 또는 계산적 학습 모델과 대조적으로 바스카는 학습 과정을 다음과 같이 이해한다.

> 변증법은 층화된 (그리고 분화된) 총체성들의 …… 형성(변형)과 해체 과정 …… 의 경험으로 이해할 수 있다. …… 인간의 영역에서는 변증법이 학습과정에 대한 일반적 도식을 구성한다. 학습과정에서 불완전성을 나타내는 …… 없음은 원칙적으로 …… 그 자체를 위치 지을 수 있는, 그리고 그것이 되어가는 과정을 위치 지을 수 있는 성찰성 속에서 초월로 그리고 더 큰 총체성으로 나아간다(Bhaskar, 2008: 23).

학습과 다른 교육적 과정에 대한 바스카의 초점은 궁극적으로 초월과 더 큰 총체성의 성취라는 개념에 의존한다.

지식 형식

인식론적 수준에서의 연구가 존재론적 수준에서의 연구에 영향을 미칠 수 있다고 제시하는 것은 세 가지 주장을 함축한다. 첫 번째는 실재를 어떻게 서술하는가에서 분리한 별개의 존재론적 실재의 수준이 있다는 것이다. 두 번째는 대부분의 관념들 및 관념 묶음들은 인식론적 수준에 머물며 실재에 영향을 미치지 않는다는 것이다. 세 번째는 일반적 규칙과 상반되게 인식적인 것에서 존재적인 것으로 나아가는 형태의 작용들이 있다는 것이다. 이 세 번째 주장 안에는 세계에 대한 사람의 인식에 직접 영향을 미치는, 참으로 세계의 일부인, 그러므로 존재론적으로 실재하는 인식적 수준이 있다는 주장도 포함되어 있다. 이것은 다양한 방식으로 구조가 지어져 있으며, 메타-구조화와 이 구조화가 만들어내는 형식들 모두가 시간과 장소에 따라 상대적이라고 필자는 주장하고자 한다. 현존하는 메타-형식들은 보편성, 수행성, 준거, 가치, 이항적 대립, 표상, 정당성, 변화 등과 같은 구성물들을 가리킨다.

이것들 중 첫 번째는 객체들을 세계의 다른 객체들에서 분리된 것으로 지정하는 것이다. 부분적으로 이것은 이름 부르기naming 과정을 구성하며 단일체들과 일반체들singulars and generalities 사이의 관계, 즉 일련의 객체들에 대한 일반적 서술 안에서 이 항목들을 구성하는 것을 가리킨다.

  두 번째 메타-형식이란 교육적 진술에서 표시와 수행denotation and performativity 사이의, 또는 세계를 변화하려는 의도 없이 어떤 것에 대한 해명을 제공하는 것과 객체를 변화하거나 새로운 객체를 만들어 내려는 의도를 가진 해명을 제공하는 것 사이에서의 균형과 관련된다. 수행적 진술은 발언자가 자신이 세계에 있다고 생각하는 것을 단순히 서술하려는 의도가 아니라 이러한 진술을 하면서 무엇인가를 존재하게 하려는 의도를 가지고 있다는 점에서 수행적이다. 그녀가 이러한 행위를 수행하기 위해서는 그녀가 발언하는 진술이 추구하는 행위를 권위 있는 것으로 만들고, 이 권위적 지위를 기초로 그녀가 일어나기를 희망하는 수행이 정당하다고 주장할 수 있어야 한다. 물론 이 수행적 진술이 실제로 목표를 달성하리라는 보장은 없다. 표시적 진술은 지금 존재하는 것, 미래에 존재할 수 있는 것, 과거에 있었던 것을 서술하고자 하는 점에서 수행적 진술과는 다른 기능을 한다. 발언자는 어떤 것을 세계에 존재하게 하려는 의도를 가지고 있지 않다. 실천에서 이것을 깨닫고 있지 못하더라도, 타동적 영역은 자동적 영역에서 분리된 것으로 취급된다. 수행과 표시의 구분은 발언자의 의도에 입각해서, 진술과 행위 사이의 인식된 관계에 입각해서만 이해할 수 있다. 달리 말하면 이 관계가 무엇인지를 밝히지 않더라도 이런 관계가 있다는 것을 의미한다. 수행적 행위는 이러한 의도가 없더라도 존재론적 변화에 기여할 수 있지만 일반적으로 이것은 일련의 다른 행위들의 결과로 이렇게 기여한다. 그러므로 교육적 진술은 그 속에서의 수행과 표시의 균형에 입각해 특징지을 수 있다.

세 번째 메타-인식적 형식은 다른 목표와 비교해서 한 목표에 주어지는 상대적 가치에 관한 것이다. 네 번째 메타-구조화 장치는 목표들의 양극성, 즉 서술과 성향descriptions and dispositions 또는 예컨대 객관성-주관성의 위계적 이항 대립과 관련된다. 어떤 객체, 서술 또는 성향은 이것의 정반대 목표인 다른 객체, 서술이나 성향에 입각해서 정의된다. 이러한 양극성의 개념적 용어들을 사례로 쓰는 경우에 두 용어를 대립적인 의미로 정의하는 것, 이어서 이것들의 대립성 때문에 한쪽(객관성)을 가치 있다고 평가하고 다른 쪽(주관성)을 가치 없다고 평가하는 것은 인식론과 존재론 사이의 관계에 관한 논쟁을 수행하는 방식에 중요한 영향을 미치리라는 점을 알 수 있다. 따라서 특정 단어들·문구들·서술자들·개념들은 이것들을 세계에 대한 이해에 필요한 자원으로 어떻게 사용할 수 있는지를 결정하는 양극적 관점에서 이해된다.

다섯 번째 메타-원칙은 진술의 준거적 가치를 가리킨다. 교육적 진술이나 사회적 진술을 하는 것은 특정 유형의 진릿값을 이끌어내고 있음을 함축한다. 예컨대 상응 이론은 어떤 진술이 서술하고자 하는 실재를 해당 진술이 반영하는지 여부에 관한 진리성 문제를 나타낸다. 이러한 수많은 이론이 존재하는데 그중에는 사실들에 순진하게 호소하는 상당히 원시적인 이론들도 있고, 반영의 인상을 벗어나고 적어도 회의론적 논증을 고려하는 상당히 정교한 이론들도 있다. 반면에 일관성 이론들은 어떤 진술의 진릿값은 외부 세계에 대한 이 진술의 준거에 자리하는 것이 아니라 이 진술이 지식의 일관된 망에 들어맞는지 여부에 자리한다고 주장한다. 그러므로 교육적 진술은 암묵적으로나 명시적으로 진리 이론 안에 자리 잡은 준거 이론으로 뒷받침되며, 교육적 진술을 인식적 형식으로 두드러지게 만든다. 여섯 번째 인식적 원리는 교육적 진술이 위계적 또는 수평적 지식 구조 안에서 정당화되는 정도를 가리킨다(Bernstein, 2000 참조).

마지막으로 인식적 메타-원리는 변화를 위한 추동자가 자동적 또는 타동적 영역에서 오는 정도와 이것이 기존 구조들 속에 자리 잡는 정도를 가리킨다. 그러므로 변화는 네 가지 방식으로 일어날 수 있다. 우발적인 존재론적인 것, 계획적인 존재론적인 것, 인식론적으로 추동된 존재론적인 것, 타동적 영역 또는 지식의 영역에서 인식론적인 것이다. 첫 번째로 우발적인 존재론적 변화는 인과적 힘을 지닌 사회적 기제들이 상호작용하면서 예측할 수 없었던, 또는 어떤 사람들이나 사람들의 집단이 계획하지 않았던 결과를 만들어낼 때 발생한다. 두 번째로 계획적인 존재론적 변화는 어떤 기제 또는 상호작용하는 기제들의 활성화가 이 기제의 작동에 대해 중심적이었을 행위자들이나 행위자들의 집단의 계획된 의도의 결과일 때 발생한다. 세 번째로 인식론적으로 추동된 존재론적 변화는 타동적 영역과 자동적 영역 사이의 만남의 지점에서 발생한다. 이 지점은 개인 또는 개인들의 집단이 일련의 관념들에 존재론적 실체를 제공하거나 이러한 관념들의 아이디어의 수입을 변경할 수 있는 곳이다. 사회에서 관념들은 단순히 문화적 수준에서 작동하며 사회에 실질적인 영향을 미치지 않을 수도 있다. 그러나 어떤 관념들은 존재론적 수준에 침투할 수 있다. 끝으로 네 번째 유형의 변화는 인식론적 수준에서 일어나며 개인 또는 개인들의 집단이 문화적 수준에서 불규칙성들, 모순들, 곤경들aporias 등에 직면해 이것들을 정정하고자 할 때나 일부의 지식 형식들이 경시되고 다른 형식들이 부각될 때 발생한다. 일반성, 수행과 표현의 균형, 상대적 가치, 위계적 이항 대립, 재현, 정당성과 변화 등의 개념이 그렇다. 이것들 각각은 차례로 다른 것들과의 관계 속에서 변화할수 있다. 이것들 각각에 대해 사회들은 상이한 가치 평가를 제공하기 때문에 상이하다.

비판

지금까지 비판적 실재론의 비판적 요소를 고려하지 않았는데, 이제 사회적 사건들, 기제들, 구조들에 대한 해명이 왜 비판적이어야 하는지에 대한 설명을 제공해야 한다. 비판적 접근을 택한다는 것은 필연적으로 일의 상태가 결함이 있거나 불완전하며, 그러므로 동일한 방식으로 결함이 없거나 불완전하지 않은 대안으로 대체해야 한다는 것을 의미한다. 여기서 초점은 바스카가 『변증법』에서 사용한 잘 알려진 논증에 있다. 이것은 사람들에게 필요needs가 있는데, 이러한 필요가 충족되지 않으며, 우리는 이러한 필요를 충족하도록 논리적으로 명령받는다는 전제에서, 가치진술이나 심지어 가치결론에 대한 실천적인 규정적 진술의 추가에 호소하지 않더라도 이 두 가지 사실진술로부터 시작할 수 있다는 것이다. 필요를 판별한다는 것은 그 필요를 충족해야 한다는 것을 함축한다. 우리는 설명적 비판에는 본래적으로 가치에 대한 진술, 그리고 옳은 행위와 그른 행위를 판단하는 수단이 자리하고 있다고 결론을 내릴 수 있다. 다시 말하면 이 논증은 실천적으로 적합하다. 또한 이 논증은 우리가 필요를 판별하면서 인간의 본성에 대한 본질주의적 견해에 대한 믿음을 확인한다는 것을 함축한다. 이 견해는 부분적으로 보편적 필요와 권리의 개념을 통합한다. 이것은 교육적 필요의 판별 수준과 해당 필요를 충족하는 수단의 판별에서 훨씬 더 많이 적용된다. 이러한 판별은 잘하더라도 어려울 것이며 최악의 경우 불가능할 수도 있다.

이것과 관련해 더 진전된 주장은 다음과 같다. 사회과학자들은 세계의 객체들에 관해 진리주장을 한다. 그러나 사회세계에서 지식의 객체들에는 사람들이 이 객체들에 관해 가지고 있는 관념들도 포함된다. 이것에 더하여 이 관념들은 단순히 서술이나 설명만으로 작동하지 않으며 객체에 인과적으로 영향을 미치면서 원래의 객체를 변형할 수도 있다. 이 관념들의 대부분은 그 동일한 사회의 특징들을 설명하고자 할 것이다. 사회과학자들이 사회를 설명하고자 하는데 이들의 설명들이 사회에 속한 사람들이 가진 설명들과 다르다면 둘 모두가 옳을 수는 없다. 이런 사정은 비판의 가능성을 알려준다. 이것은 사회과학이 자연과학과 다른 점으로 물리적 객체들은 그 자신에 대한 개념을 가지지 않으며 그 자신이 하고 있는 것에 대해 설명을 제공할 수단을 가지지 않기 때문이다. 간단히 말해 물리적 객체들은 반성적reflexive일 수 없기 때문이다.

사회과학자들은 사회 속의 사람들이 자신들의 삶에 관해 가지고 있는 해명의 부정확함들을 찾아내는 것에서 더 나아간다. 또한 사회과학자들은 사람들이 왜 이러한 그릇된 믿음을 가지고 있는지를 설명하고자 한다. 그릇된 믿음을 낳는 기제는 무엇인가? 일단 이 기제를 확인하면 논리적이고 필연적으로 다음 단계는 이 기제에 대한 부정적인 평가다. 우리가 어떤 제도나 구조 때문에 세계의 객체들을 잘못 서술하고 있다고 말한다면, 우리는 필연적으로 이 제도나 구조를 비판하고 이것의 유해한 결과를 개선해 변화시키고자 노력한다. 게다가 단순히 평가 결과를 보고할 뿐이라고 해도, 그 보고는 그릇된 믿음을 낳은 기제를 비판할 뿐 아니라 또한 그릇된 믿음을 형성하는 그 기제의 힘을 손상할 잠재력을 가진다. 따라서 설명은 서술, 설명, 전복의 삼중의 목적을 가진다.

마지막으로 오류 가능성을 기초로 하는 논증이 있다. 교육 및 사회 연구자들이 자신들의 탐구가 오류 가능한 결과를 산출할 수 있다는 생각을 인정하기 때문에 비판적 실재론은 비판적이다. 또한 세계의 질서를 이해하는 (사회질서를 구성하는 범주적 구별도 포함하는) 다양한 방식들이 자명하게 정당화되는 것이 아니라 (시간상 과거로 거슬러 올라가는) 개인들 및 개인들의 집단들의 특정한 결정으로 정해지고, 그러므로 언제나 비판 대상이 되고 다른 일련의 범주들과 관계들로 대체될 수 있기 때문에 비판적 실재론은 비판적이다. 이것에 더하여 비판적 실재론의 입장에 대한 정당화, 그리고 사회세계의 구조에 작용하는 범주들과 관계들 모두에 적용해야 하는 내재적 비판의 개념이 있다.

사회세계와 그 세계를 서술하는 방식 사이의 관계에 대한 모사이론picture theories이나 반영 이미지가 부적절하다는 것을 인정하면(이런 입장에 대한 바스카의 논증은 제3장을 볼 것), 대안이 필요하다. 그러나 이러한 대안적인 이론들조차도 내재적 비판을 피할 수 없다. 따라서 비판적 실재론자들은 제안되고 있는 존재론적 틀의 정확성을 확신할 수 있다고 주장하지 않는다. 오류 가능성은 연구자들이 실천적이고 윤리적인 이유에서 자신들이 관심을 가진 인과연쇄에 관한 자료를 수집하지 못할 수 있다는 사실, 그리고 연구자들이 위치하는 방식(지리적이든 문화적이든 인식론적이든 관계없이) 둘 모두를 가리킨다. 결과적으로 오류 가능성을 단지 부적합성이나 불충분성과 같은 것으로 취급할 수는 없으며, 이 가능성은 인식론적 확실성을 보장할 수 없음을 함축한다. 이 논증은 세계에 대한 서술과 세계가 실제로 작동하는 방식 사이의 괴리에 놓여 있으며, 따라서 자동적 영역과 타동적 영역을 정렬하려는 시도가 이루어진다. 그러나 자동적 세계에 대한 설명이 그 세계를 변화시킬 잠재력이 있다는 점을 고려하면, 여기서 비판은 부적절하고 낡은 개념들과 생각들을 버림으로써 더 좋은 것을 만드는 것을 가리킨다. 지식과 지식을 구축하는 방식은 모든 교육 이론에서, 특히 바스카의 지식과 존재에 대한 메타이론에서 중심적이다.

바스카의 여정은 막을 내렸다. 하지만 그의 '생명'은 살아 있다. 그는 우리에게 놀라운 업적을 남겨놓았다.

참고문헌

Archer, M. 1996. *Culture and Agency.* Cambridge: Cambridge University Press.

Barthes, R. 1995. *The Semiotic Challenge.* Los Angeles: University of California.

Bernstein, B. 2000. *Pedagogy, Symbolic Control and Identity: Theory, Research and Critique*(revised ed.). Lanham, MD: Rowman and Littlefield.

Bhaskar, R. 1997(1975). *A Realist Theory of Science.* London: Routledge.

_____. 1998(1979). *The Possibility of Naturalism*(3rd ed.). London: Routledge.

_____. 1998. "General introduction." in M. Archer, R. Bhaskar, A. Collier, T. Lawson and A. Norrie(eds.). *Critical Realism: Essential Readings*, pp.ix~xxiv. London and New York: Routledge.

_____. 2000. *From East to West: Odyssey of a Soul.* London: Routledge.

_____. 2002. *From Science to Emancipation: Alienation and the Actuality of Enlightenment.* London: Sage Publications.

_____. 2002. *Reflections on Meta-Reality: A Philosophy for the Present.* New Delhi and London: Sage Publications.

_____. 2008(1993). *Dialectic: The Pulse of Freedom.* London: Routledge.

_____. 2009(1994). *Plato, etc.: The Problems of Philosophy and Their Resolution.* London: Routledge.

_____. 2010(1987). *Scientific Realism and Human Emancipation.* London: Routledge.

_____. 2011(1989). *Reclaiming Reality: A Critical Introduction to Contemporary Philosophy.* London: Routledge.

_____. 2011(1991). *Philosophy and the Idea of Freedom.* London: Blackwell.

Bhaskar, R. and A. Norrie. 1998. "Introduction: Dialectic and dialectical critical realism." in M. Archer, R. Bhaskar, A. Collier, T. Lawson and A. Norrie(eds.). *Critical realism: Essential Readings*, pp.561~574. London and New York: Routledge.

Bhaskar, R. and B. Danermark. 2006. "Metatheory." *Interdisciplinarity and Disability Research: A Critical Realist Perspective, Scandinavian Journal of Disability*

Research, 8(4), pp.278~297.

Bhaskar, R. and M. Hartwig. 2008. *The Formation of Critical Realism: A Personal Perspective*. London and New York: Routledge.

Bhaskar, R. and T. Lawton. 1998. "Introduction: Basic texts and developments." in M. Archer, R. Bhaskar, A. Collier, T. Lawson and A. Norrie(eds.). *Critical realism: Essential Readings*, pp.3~15. London and New York: Routledge.

Bhaskar, R., C. Frank, K. G. Hoyer, P. Naess and J. Parker(eds.). 2010. *Interdisciplinarity and Climate Change: Transforming Knowledge and Practice for Our Global Future*. Abingdon, Oxon and New York: Routledge.

Brandom, R. 2007. *Reason in Philosophy: Animating Ideas*. Oxford: Oxford University Press.

Bredo, E. 1999. "Reconstructing educational psychology." in P. Murphy(ed.). *Learners, Learning & Assessment*, pp.23~45. London: Sage Publications.

Brown, G. 2009. "The ontological turn in education: The place of the learning environment." *Journal of Critical Realism*, 8(1), pp.5~34.

Brown, A., S. Fleetwood and J. Roberts. 2002. *Critical Realism and Marxism*. London and New York: Routledge.

Cherryholmes, C. 1988. "An exploration of meaning and the dialogue between textbooks and teaching." *Journal of Curriculum Studies*, 20(1), pp.1~21.

Chomsky, N. 1965. *Aspects of the Theory of Syntax*. Cambridge, MA: MIT Press.

Dunne, J. 2009. *Back to the Rough Ground*. London: University of Notre Dame Press.

Durkheim, E. 1982(1895). *The Rules of Sociological Method*. with an introduction by Steven Lukes(ed.). W. D. Halls(trans.). New York: The Free Press.

Engels, F. 1888. *Ludwig Feuerbach und der Ausgang der Klassischen Deutschen Philosophie: Mit Anhang Karl Marx über Feuerbach von Jahre 1845*(*Ludwig Feuerbach and the End of Classical German Philosophy: With Notes on Feuerbach by Karl Marx 1845*), pp.69~72. Berlin: Verlag von J. H. W. Dietz.

Erben, M. 1996. "The purposes and processes of biographical method." in D. Scott and R. Usher(eds.). *Understanding Educational Research*, pp.159~174. London:

Routledge.

Feyerabend, P. 1975. *Against Method*. London: New Left Books.

Freud, S. 1997(1900). *The Interpretation of Dreams*. London: Penguin.

Gadamer, H. G. 2004. *Truth and Method*. London: Continuum International Publishing Group.

Garfinkle, H. 1984. "Commonsense knowledge of social structures: The documentary method of interpretation in lay and professional fact finding." in *Studies in Ethnomethodology*. Cambridge: Cambridge University Press.

Giddens, A. 1984. *The Constitution of Society*. Cambridge: Polity Press.

Goffman, E. 1959. *The Presentation of the Self in Everyday Life*. New York: Anchor.

Habermas, J. 1981a. *Theory of Communicative Action, volume I: Reason and the Rationalization of Society*. T. McCarthy(trans.). Boston, Mass: Beacon Press.

_____. 1981b. *Theory of Communicative Action, Volume II: Liveworld and System: A Critique of Functionalist Reason*. T. McCarthy(trans.). Boston, Mass: Beacon Press.

Hacking, I. 1981. *The Taming of Chance*. Cambridge: Harvard University Press.

Harré, R. 1993. *Social Being*(2nd ed.). Chichester: Wiley.

Hegel, G. 1975(1955). *Lectures on the Philosophy of World History*. H. B. Nisbet(trans.). Cambridge: Cambridge University Press.

Heidegger, M. 1996. *Being and Time*. New York: State University of New York Press.

Hostettler, N. and A. Norrie. 2003. "Are critical realist ethics foundationalist?" in J. Cruikshank(ed.). *Critical Realism: The Difference It Makes*, pp.3~27. London: Routledge.

Hume, D. 2000(1738). *Enquiry Concerning Human Understanding*. Oxford: Oxford University Press.

Kant, I. 2007(1781). *Critique of Pure Reason*(Penguin Modern Classics). London: Penguin.

Kuhn, T. 1962. *The Structure of Scientific Revolutions*. Chicago: University of Chicago Press.

Marx, K. and F. Engels. 2003(1738). *The Communist Manifesto.* London: Bookmarks.

Morgan, J. 2007. "Mind." in M. Hartwig(ed.). *Dictionary of Critical Realism.* London and New York: Routledge.

Nash, R. 2005. "Explanation and quantification in educational research: The arguments of critical and scientific realism." *British Educational Research Journal*, 31(2), pp.185~204.

Nietzsche, F. 1966(1886). *Beyond Good and Evil(Jenseits von Gut und Böse).* W. Kaufmann(trans.). New York: Vintage.

Popper, K. 1959(1934). *The Logic of Scientific Discovery(Logik der Forschung).* London: Hutchinson.

Pratten, S. 2007. "Explanatory critique." in M. Hartwig(ed.). *Dictionary of Critical Realism.* London and New York: Routledge.

Putnam, H. 2004. *The Collapse of the Fact/Value Dichotomy and Other Essays.* Cambridge: Harvard University Press.

Rorty, R. 1990. *Philosophy and the Mirror of Nature.* Oxford: Blackwell.

Rousseau, J. J. 1979(1762). *Emile, or on Education.* with an introduction by A. Bloom (trans.). New York: Basic Books.

de Saussure, F. 1916. *Course in General Linguistics.* P. Meisel and H. Saussy(eds.). W. Baskin(trans.). New York: Columbia University Press.

Scott, D. and R. Usher. 1998. *Researching Education: Data, Methods and Theory in Educational Enquiry.* London: Continuum.

Tarski, A. 1983. *Logic, Semantics, Metamathematics*(2nd ed.). J. Corcoran(ed.). J. H. Woodger(trans.). Indianapolis: Hackett.

Usher, R. 1997. "Telling a story about research and research as story-telling: postmodern approaches to social research." in G. McKenzie, J. Powell and R. Usher(eds.). *Understanding Social Research: Perspectives on Methodology and Practice.* London: Falmer Press.

Wallerstein, I. 1984. *The Politics of the World Economy: The States, the Movements and the Civilizations.* Cambridge: Cambridge University Press.

Weber, M. 2002(1905). *The Protestant Ethic and the Spirit of Capitalism*. Roxbury: Roxbury Publishing Company.

Wittgenstein, L. 2001(1953). *Philosophical investigations*. Oxford: Blackwell Publishing.

찾아보기

용어

도서명

지은이

로이 바스카 Roy Bhaskar

1944년 영국 런던에서 태어났다. 옥스퍼드 대학교 철학·정치학·경제학 과정을 졸업한 뒤
같은 학교 대학원에서 롬 하레(Rom Harré)의 지도하에 과학철학과 사회과학철학을 공부
하고 비판적 실재론을 주창했다. 비판적 실재론의 관점에서 다학문적으로 교육, 평화, 기
후변화 등도 연구했다. 말년에는 런던 대학교 교육연구소(Institute of Education, University
College London)에서 일하며 국제 비판적 실재론 연구 중심(International Centre for Critical
Realism)을 설립·운영했다. 2014년 영국 리즈에서 별세했다.

데이비드 스콧 David Scott

런던 대학교 교육연구소의 명예교수다. 저서로『교육, 인식론, 비판적 실재론(Education,
Epistemology and Critical Realism)』(2010),『교육 시스템과 학습자: 지식과 앎(Education
Systems and Learners: Knowledge and Knowing)』(2017) 등이 있다. 로이 바스카가 별세
한 뒤 그와 나눈 대담을 정리해『로이 바스카, 비판적 실재론과 교육을 말하다(Roy Bhaskar,
A Theory of Education)』(2015)를 썼다.

옮긴이

이기홍

강원대학교 사회학과에서 근무한다. 저서로『사회과학의 철학적 기초: 비판적 실재론의
접근』(2014),『로이 바스카』(2017) 등이 있고, 역서로『새로운 사회과학방법론: 비판적 실
재론의 접근』(2005),『비판적 자연주의와 사회과학』(2005),『비판적 실재론과 해방의 사
회과학』(2007),『비판적 실재론: 로이 바스카의 과학철학』(2010) 등이 있다.

한울아카데미 2274

로이 바스카, 비판적 실재론과 교육을 말하다

지은이 ㅣ 로이 바스카·데이비드 스콧
옮긴이 ㅣ 이기홍
펴낸이 ㅣ 김종수
펴낸곳 ㅣ 한울엠플러스(주)
편집책임 ㅣ 조인순
편집 ㅣ 조일현

초판 1쇄 인쇄 ㅣ 2020년 12월 24일
초판 1쇄 발행 ㅣ 2020년 12월 31일

주소 ㅣ 10881 경기도 파주시 광인사길 153 한울시소빌딩 3층
전화 ㅣ 031-955-0655
팩스 ㅣ 031-955-0656
홈페이지 ㅣ www.hanulmplus.kr
등록번호 ㅣ 제406-2015-000143호

Printed in Korea.
ISBN 978-89-460-7274-9 93330 (양장)
       978-89-460-8007-2 93330 (무선)

※ 책값은 겉표지에 표시되어 있습니다.
※ 이 책은 강의를 위한 학생용 교재를 따로 준비했습니다.
   강의 교재로 사용하실 때에는 본사로 연락해 주시기 바랍니다.